Kasseläner Jungen

Mundartliche Geschichderchen

von

Henner Piffendeckel

1926

Verlag: Weser-Main-Verlag (J. Kämpfer) Kassel

Philipp Scheidemann

Henner Piffendeckel

Kaseläner Jungen

Mundartliche Geschichderchen

Comino-Verlag

Faksimile-Nachdruck
der Ausgabe von 1926

ISBN 978-3-945831-06-9
comino-verlag.de
info@comino-verlag.de

Blos'n baar Worde im vorus!

(Vorwort zur ersten Auflage)

D'r liewe Godd sall einen vor sinnen Freinden bewahren! Noch derzu, wamme so Freinde hodd, wie ich. Do äs der schähle Adam und der scheiwe Chrischtoff un – doch de Leser lernen die Driewer noch frieh genug kännen. Also disse Freinde hon mä so lange zugesetzt, bis ich Jo gesaht un minne Zuschdimmunge zum Drucke disser Geschichderchen gegewen hon. Ich wäsche minne Hänne in Unschuld un schiewe alles of den Quetschenfrieder.

Awer'n baar Worde muß ich doch wohl sahn, imme keine Mißdeidungen offkommen ze lossen. Minne Geschichderchen erhewen keinen Anschbruch of lidderarischen Wert. Wann mä der Schillerbreis derfor zugeschbrochen weren sollde, dann dhät ich'n nur unner Brodest annehmen.

Die Geschichderchen sin minnen „Briefen us'm Dörfchen", die schont im Volksbladde gedrucket sin, endnommen. In guhd vier Johren hon ich mehr wie hunnert solcher Briefe geschriwwen. Un wie, das heißt unner was for Umschdännen hon ich se geschriwwen! De meisten sin gelegentlich entschdannen in schbährlich genug zugemessenen freien Schdunnen. Manchemo waren's au bloß halwe Schdunnen.

Manche Erinnerunge an de scheene Lusejungenzidd hon ich of langweiligen Isenbahnfahrden geschriwwen, annere, wann Aerger un Verdruß so haufenwiese iwwer mich kamen, daß Gefahr for minne guhde Laune beschdann. Dann hon ich minne Schridde in die Resiehre gelenket, wo ich frei von allen Schkrubeln un Zweifeln minne Jugend un annerer Liede Aebbel un Quetschen genossen hon. Do wurde's mä dann widder wohl un de ahle Lustigkeit kam iwwer mich. Dann bän ich iwwer de Drohtbricke geschdiwwelt un hon mich in de Au of'ne Bank gesetzt. Do war dann bahle'n „Brief us'm Dörfchen" mit der Bleifedder ofgekrizzelt.

In froher Laune also hon ich die Geschichderchen geschriwwen, un in der Absicht, denen Vergniegen ze machen, die se lesen. Wann se das ferdig bringen, dann hon se ähren Zweck erfillt.

Wie ich mich erschtemo hadde bewegen lossen, diß Schriftchen in Druck ze gewen, do hon ich versucht, 'ne meeglichst einheidliche Schriewerei dorchzefiehren. Das war aber vähle schwerer, als wie ich's mä vorgeschdellt hadde. Zunächst kimmet in Bedracht, daß au de Kasseläner Mundahrt „lewet", also neies ofnimmet un manches abschlifft. Das wurde mä so recht klar, wie ich de Geschichden vom Henner Jonas un Karle Klambert* gelesen hon. Klamberts Karle lehnt sich vollschdännig an den von ämme wie von mä hochverehrden Jonas ahn inbezug of de Wordschriewunge. Awer Jonas schdellt exbreeh feste, daß hä geschriwwen hodd, wie me Enne der fofziger Johre bi uns schwätzte. Zu der Zidd hon ich noch im Fackeldichche gelegen. Ich schriewe, wie me im Dörfchen, also of dem rechden Fulle-Ufer Kassels, in den siwwenziger Johren schbrach.

Wie ich no bahle zwanzigjähriger Rumdriewerei in aller Welt widder heim kam, do hon ich schnell gemerket, daß de Zidd wie an mä, so au an minner Mudderschbrache ekelig genagt hadde. Ich mußte mich also wohl oder iwwel derzu entschliessen, so ze schriewen, wie mä der Schnawel gewachsen war. Ich därf trotzdeme annehmen, daß de Kasseläner Jungen aller Johrgänge min Deitsch weren lesen kännen.

Wie schwer's äs, mundartlich ze schriewen, das wäll ich an'en baar Beischbielen klar machen, die sich mä bim Schriewen disser Zeilen von selwer ofdrängen. Ich hon ewen von

* Jonas: „Fimf Geschichderchen von Kasselänern, die de in d'r Wulle gefärwed sinn."

Karle Klambert: „Uff Karle Klamberts Gebordzdag" un „Was mäh so hin un widder bassierd äs." — Verlag von Vietor in Kassel. Jedes Bändchen 2 Mark.

minner Mudderschbrache geschriwwen. Jeder Kasseläner weiß, wie hä „Mudder" ze schbrechen hodd, awer wie sall's geschriwwen wären? Mit o oder mit u? Mä Kasseläner bringen Dehne iwwer de Zunge, die se uns so lichte nirgendswo nohmachen. Mä hon'n baar Sorden O un'en baar Sorden U un au'en baar Sorden A. Iwwer das Schriftzeichen for den Vokal, den der Kasseläner in „Mudder" rusbringet, sin sich de Gelehrten wahrscheinlich noch nit einig. Wie der Iwwergang vom u zum o in „Mudder" ze schbieren äs, so au im Worde „Fulle".

Dann salle mo einer schbrechen: „Mudder, koch Bohnen, awer widder von der Sorde, wie mä se am Sonndag gegessen hon!" Do homme in „Mudder" den Iwwergang vom u zum o, wie in Sonndag vom o zum u. In „Bohne" homme den reinen, hell un hochklingenden o-Laut. In „Sorde" neigt's o schont no dem a niwwer un in „hon" do klinget's a schont ganz deitlich midde.

Dann schbricht der Kasseläner au: „Honn mä dann nu Recht oder homme Unrecht?" Hä finget den Satz gewichdig un edebedehde ahn: „Hon mä dann", kimmet awer schnell in de Wolle (oder Wulle) un gahked de Schlußworde schnell rus: „Homme dann?"

Un do sollde usgerechend ich zu (!) 'ner einheidlichen Schriewerei kommen? Das kanne mo einer browieren, der sonst nix ze (!) dhune hodd....

Kassel, im November 1909.

Henner Piffendeckel.

Vorwort zur dritten Auflage

Seitdem die „Kasseläner Jungen" zum erstenmale losgelassen wurden, sind siebzehn Jahre vergangen. Die zweite Auflage war ebenso schnell vergriffen wie die erste. Längst schon hätte also eine dritte Auflage herausgegeben werden können, wenn nicht Ereignisse furchtbarster Art inzwischen die ganze Welt erschüttert hätten. Der Krieg erheischte Blutopfer in unerhörter Zahl. Alte Staaten brachen zusammen, neue sind entstanden, Throne krachten, aus Monarchien wurden Republiken. Noch ringen die Staaten Europas, um aus größter Not zu besseren wirtschaftlichen Verhältnissen zu kommen; um Neid und völkischen Haß zu überwinden, durch friedliches Nebeneinander- und Zusammenleben zu höheren Formen staatlichen Lebens überhaupt zu kommen: Ueber den bescheidenen Anfang des Völkerbundes hinweg zu den Vereinigten Staaten von Europa als dem glücklichen Abschluß einer Epoche, für die unsere Enkel und Urenkel kein Verständnis haben werden.

Wie das Leben der Völker sich gestaltet hat, wissen wir aus tausendjähriger Geschichte. Wie die Welt in weiteren tausend Jahren aussehen wird, weiß kein Mensch. Das aber wissen wir: Solange Menschen leben, solange wird es auch Menschen geben, die Sinn für Humor haben, und deshalb lassen wir jetzt, trotz schwerer Zeit, die „Kasseläner Jungen" zum drittenmale los, damit sie denen, die ab und zu einmal lachen können und lachen wollen, für wenigstens halbe Stunden die Grillen vertreiben können.

Kassel, den 1. Dezember 1926.

Henner Piffendeckel.

De Schmanddibberchen

De Osterwochen geheeren den Schmanddibberchen. Wo me hännegicket, do sieht me se rimmeschdiwweln. Awer verdebbelt kleine scheinen se disses Johr widder geroten ze sin. Ei, verbummig nochemo, 's scheint wahrhaftig, daß se jedes Johr kleiner weren. 's hodd wohl vor'gen Sommer nit genug geregent, do hon se nit wachsen kennen. D'n Karduffeln is's je au so gegangen, deshalb waren se au so dhiere. Hergodd, was war'n mä vor lange Ladden, wie uns der Parrer Ebert konfermiert hodd! Do war einer immer länger wie der annere. In der ganzen Mullbeernschanze war kein Aebbelbaum so hoch, daß mä nit hädden drofkleddern kennen. Un mä sin au nofgekleddert, vor der Komfermadzjohn un noher au noch. Doch dodervonne werd vorlaifig noch nix verroten, 's äs nämlich noch nit alles verjährt. D's Päreschdehlen un's Aebbelschdreifen verjährt for anschdännige Liede erscht no vierzig Johren, un die sin noch nit rimme.

Also wie ich de Schmanddibberchen disser Dage alle gesehn hon, do es mä doch so mancherlei ingefallen, un das wäll ich erzählen. Mä wurden frieher of den wissen Sonndag komfermiert, un bi minner Komfermadzjohn traf sich's so, daß der wisse Sonndag ziemlich schbeete fiel, 's war der letzte Sonndag im Abril. 's war'n brachdvolles Wedder, 's war gerade, als wann se im Himmel for ludder Freide, daß so ahrdige Jungen – Hergodd, wie mä gebaud war'n! – in de christliche Gemeinde ofgenommen weren sollden, d's scheenste Wedder angelossen hädden.

Am Middwoch for der Komfermadzjohn war Examen; mä beschdannen alle groß ahrdig, denn d'r Ebert hadde uns alles scheene ingeschustert; jeder wußte ganz genau, was ämme for'ne Froge forgelegt wurde un was he ze schbrechen hadde. 's klabbete alles wie am Bindseil. Nadierlich hadden mä am Middag'n Usflug; wann ich nit irre, no Beddenhusen. Das weiß ich noch genau: geschdengelt homme uns in den neien Anziegen, wie de Vöchel im Hamfsoomen, un gedanzt homme wie die jungen Herrgödder. Am wissen Sonndage selwer ging's us der Kerche heim, un von derheime bi'n Aebbelklaus, wo dann hinnen of der Wisse

„Herrn un Damen“ geschbählt wurde. Am anneren Morgen mußden ersch „Visitten“ gemacht wer'n, das heißt: mä mußden bi der ganzen Verwandtschaft rimmelaufen un sahn: „Gut'n Morgen, Dante (oder Onkel), ich bän gestern komfermiert, ich sall mich au vorschdellen!“

Dann wurde me von owen bis unnen, von hinnen un vorne begocken, wie'n lahmer Gull, der vom Pärehänneler als fehlerlos verklobbet wer'n sall. Un dann wurde me usgefrogt bis of d's Hemmed.

„Von wem hoste dann de Schdiwweln, sin die ahngemessen?“

„Jo, die sin vom Klaus.“

„Was kosten se dann?“

„Ich weiß nit, die gehn of Gegenrechnunge.“

„Na, do dhiet mä Din Vadder leid, do wirde scheene ahngeschmährt, wann's of Gegenrechnunge geht; das kennen mä. Bäste dann schont bi der Dante Elise gewesen?“

„Jo, do war ich au.“

„Wie vähle hoste dann do gekricht?“

„Fofzig Pennige.“ (Das war zwar nit wohr, die hadde au nur dreißig rusgericket; awer ich schlug zwanzig drof, weil ich de Mimik bi der Dante Marie kannte: der Elise gegeniwwer ließ die sich nit lumpen.)

„So, fimf Wißpennige hoste von ähr gekricht, da – scholz wie'ne Schbanierin – hoste von mä sechse. Grieß Din'n Vadder un Dinne Mudder.“

„Ich danke au, adje Dante!“

Von der Kratzbirschte ging's bi'ne annere. Schließlich hadde ich mich so lange begucken un usfrogen lossen, bis ich so ungefähr zwanzig Groschen zesammen hadde. Nu schickete mä zwar des Anguckenlossen, aber des Geld schickete mä noch nit, denn ich hadde große Bläne for den Middag vor. Do sollte's no Kirchditmer gehn, un ich hadde min Gegenpaart (Gegenpart: die Konfirmandin, die zu allen festlichen Veranstaltungen während der Konfirmationszeit eingeladen wurde) derzu ingeladen.

Awer's kam annerschter. Wie ich von der Fischgasse widder of de Fullebricke komme, do schteht do min Freind Karle un gicket ins Wasser. Ich schbrach zu ämme: „Worimme gickeste dann in de Fulle, Karle?“

„Och", schbrach hä, „ich dhät zu gerne'n baar Schdunnen Schiff fahren; d'r Kuhn hodd de Schiffe schont drussen."

„Du, Karle, do bän ich derbi; wahrte zehn Minuhden, ich wäll nur dem Ebert sinne fimf Mark bringen — —"

„Was widde dem Parrer bringen, fimf Mark? Bäste dann doll? Fimf Mark? Host wohl'n Vochel? Min Vadder hodd mä'n Dahler for'n Ebert gegewen, ich hon aber bloß zwanzig Groschen abgeladen; wann De ämme von Dinnen fimf Mark drei giwwest, dann freit sich der wie'n Schneekeenig . . ."

„Du, Karle, nä . . ."

„Ach, halt's Mull; der hodd Geld genug; awer wann De ämme bloß drei Mark giwwest, dann kennen mä uns was leisten. De Schdunne of der Fulle kost drei Groschen. Wann mä vier Schdunnen fahren, dann komme'me bis of de Neie Mähle; mä nehmen uns'n baar Mohrenkäbberchen un'n Baket Zigaredden midde. Si doch kin Frosch. De Nase kimmet au . . ."

„Nä, nä, Karle, so lange hon ich keine Zidd; 'ne Schdunne dhät ich middefahren, länger nit; imme eine muß ich derheime sin, dann esse'me. Un imme drei geht's no Kirchditmer, ich hon mä extra Klingelbietels Christine ingeladen . . ."

„Ach, Du bäst jo verrickt; was widde dann mit dem ekeligen Dos; loß'se laufen un geh midde of de Fulle, do homme mehr Schbaß."

Grade in dissem Augenblicke schob de Nase imme de Abedhekenecke, un den schählen Emil hadde hä bi sich. Nu setzten se mä alle drei zu:

„Geh doch midde, dann fahre'me blos'ne Schdunne; hernoch kannste immer noch bi d'n Ebert gehn; dann kimmeste au noch imme eine heim."

„Na jo, dann wäll ich midde gehn, aber nur bis imme dreiviertel eine, dann stich ich us."

Nu gab's'n langen Rot von wegen dem Schiffe. For drei Groschen gab's nämlich nur'n ganz kleines, wo eigentlich nur ein Mann drinne sitzen sollde: 'n greeßeres kostete glich fofzig Pennige. Mä kamen also iwwerein, daß ich bi d'n Kuhn gehn sollde, imme so'n kleines Schiff for drei Groschen ze mieten. Die drei anneren sollden dann in den Zägenschdall* laufen un erscht do instichen, so konnde'me

---

* Auswaschstelle einer Färberei an der Fulda.

dann doch for drei Groschen alle viere de Fahrt of der Fulle machen. Ich sollde den Kahn holen, weil von den annern drei sich keiner bim Kuhn sehen lassen durfte. Die hadden'n nämlich schont alle drei ningelegt: For'ne Schdunne hadden se schont'n baarmo d's Schiff im vorus berabbet, un dann hadden se den ganzen Sonndag gefahren un's Schiff Owends an der Drohtbricke oder im Zägenschdall angebunnen; do hadde sich's dann d'r Kuhn widderholen missen.

Ich also in de Mählengasse bi'n Kuhn, die anneren bi'n Ely, imme Zigaredden ze kaufen.

„'n Dag, Herr Kuhn!"

„'n Dag. Na, was widde dann?"

„Ich wäll'n Schiff hon!"

„So, 'n Schiff widde hon, hoste dann au Droht?"

„Jo, ich hon au Droht!"

„Dann deboniere mo'ne Mark; ich hon keine Lust mehr, mich von och Lusejungen ansch . . . en ze lossen."

„'ne Mark? Ich wäll doch nur'ne Schdunne for drei Groschen fahren."

„Jo, die fahr nur; wann De widder kimmest, krichest e siewen Wißpennige widder rus."

Was solld ich machen, ich berabbete zehn Groschen un gondelte los, no dem Zägenschdalle zu. Wie ich an den Isbrechern war, do heerte ich die drei Schämmerchen schont gahken:

„Wo blieweste dann?"

„Mache mo'n bischen dalli!"

„Host wohl keine Bulljong in d'n Knochen?"

„Hurro, jetz kimmete!"

Rutsch – noch'n kräftiger Ruderschlag, un minne Fregadde glitschde of den Sand.

„Nu awer nix wie 'nin," krisch der Karle un hibbete erscht of den Engelhardt sin Wäschebredd un dann in's Schiff. Doderbi kam de Gondel glich so in's Kibben, daß of der linken Siede d's Wasser 'nin schlug.

„I ch wäll rudern!" krischen nu de Nase und der schähle Emil ofemo.

„Nä, rudern tu i ch erscht", fiel'n der Karle in's Word, „bis an de Drohtbricke rudre ich, dann wird immegewechselt."

„Ach, Du bäst'n Lusejunge, Du widd immer der erschte Mann an d'r Schbritze sin."

„Du Großschnudde –"

„Dä, hoste was for de Großschnudde –"

Klatsch, klatsch – ich hibbe us dem Schiffe rus, de Nase hibbet nin un – – – der Karle triddet bi der Balgerei verbi un dabbst zum Wasser 'nin, awer glich bis an d'n Lib. Hä klammerde sich am Schiffe feste, das machte'ne Schwenkunge un der Karle äs bis an d'n Hals verschwunnen. Krische hodde gedhon, daß me's of der Fullebricke hodd heeren kännen.

Mä hon'n dann rusgezochen un's Schiff angebunnen. Dann hodd der Karle erscht sin'n Rock usgezochen, un dann de Hose. Alles wurde of de Schdakehdendhäre gehenket zum Trocknen.

Dann hon se sich geschimbet: „Du bäst schuld, Nase!" „Lusejunge!" „Schäler Hund!" Das hodd so lange geduert, bis ich von jedem acht Pfennige hon wollde, do waren se glich einig, daß ich nix ze foddern hädde; un's war Zidd, daß ich mich mit dem Kanonenboode drickete, sonst hädden se mich noch verhauen.

Ich also bi'n Kuhn, wo ich minne siwwenzig Pennige widder zerickekrichte, un dann bi'n Ebert, imme deme de fimf Mark ze bringen. Wie der Karle in's Wasser gefallen war, do hodd mä d's Geld fermlich in der Kibbe gebrannd. Vom Parrer gings dorch de ahle Leibziger Schdroße widder in den Zägenschdall. (Ziegenstall hieß früher die kleine Verbindungsstraße, die zwischen der Krinolinenfabrik und der Renterei von der alten Leipziger Straße – jetzt Kaufunger Straße – nach der Fulda führte; jetzt heißt der „Ziegenstall" Christophstraße).

Ich war doch neigierig, was das scheene Kleebladd noch alles anschdellen dhät. Wie ich unnen imme de Ecke kam, do sah ich schont, wie de Nase un d'r schähle Emil of d'r Mure saßen un Zigaredden blotzden; un ferchterlich hon'se gelacht.

Wann sich die freien, denk ich, dann äs dem Karle widder was bassiert. Ach, un richtig: d's arme Luder flennte Rotz un Wasser. Sinne Hose und sin scheener schwarzer Schlibbenrock war'n von dem Wasser ganz ingegangen. Me konnde orrendlich sehn, wie de Hosenbeine un de Rockärmel immer mehr zesammenschrumbelten. Zwischen Ellebogen un Handgelenke heerten de Aermel, zwischen Kniekehle und Fußgelenke heerten de Hosenbeine schont of. Un de beiden Rockzibbel hadden sich ganz verzochen, die schdannen hinnen iwwer dem Podex usenanner wie'ne Heckenscheere. Un wanne irgendwo was grade ziehen wollde, dann knacketen alle Nähte.

Der Karle war'n Bild des Jammers.

„Was for'n Hofschnieder hodd'n den Anzoch gemachd?" frogte jetzt der schähle Emil, der'n ganz miserabeler Schboddvochel war.

„Den hodd iwwerhaubt kinn Schnieder gemachd," fiel ämme de Nase in's Word, „den hodd sinn Vadder im Fimfgroschenbazar geborgt, das äs'n Anzoch, den hodd'n Schrinner gemachd. Baß of, wann de Sonne noch'n bischen drof scheint, dann gehte ganz us'm Limm, dann klabbete usenanner – – –"

Mä dhat der Karle doch leid; ich bän dann mit ämme heimgegangen un hon sinner Mudder blausiwel gemachd, daß hä ganz unschullig weer; daß hä ganz von selwer in's Wasser gefallen äs. Das hodd se nit geglauwet; se meinte, wann ich derbi gewesen wär, dann wißte se genug. Ich sollde machen, daß ich nus käme, sonst dhät se mich nusschmissen. – – –

So hon ich immer min Lewen lang unrecht lieden missen.

D'r Quetschenfrieder

Mä saßen vor der Unnerneischtädter Kirchendhäre un baaften Zigaredden. „Mä" – das waren der rote Schänkel, de Bohne, der samfte Frieder, der Heini Schäfer, der lange Karle, ich un dem Bäcker Happel sin „Ammi". Der Ammi baafte nadierlich nit midde. Mä hadden ämme vähle Kunschticker angelernt, awer wamme ämme'ne Zigaredde vor de Schnudde hielen, dann finge an ze bellen un rickete us. De Bohne war vollschdännig us dem Hißchen iwwer dissen Unverschtand vom Ammi. Hä hadde schont vorgeschlahn, daß mä iwwerhaubt niemand mehr in unser Gesellschaft dulden sollden, der nit au Zigaredden baafen konnte.

De Bohne hadde awer kein Glicke mit dem Vorschlage. Der rote Schänkel bruchte bloß de Froge ofzewerfen, wer dann ofbassen sollde, wamme dem Malkemes sinne Quetschen browieren wollten? un der Bohnen-Vorschlag war abgedohn.

Richtig, de Quetschen! Mä hadden vor ludder Zigareddenrauchen ganz vergessen, dem Malkemes sinne Baime zu reffedieren. Am Dage vorher, wie mä bim Liewenz de Eierplummen browiert hadden, do war extra beschlossen, daß mä heite den Malkemes mit unsem Besuch beehren wollten, weil sin Christel of dem Schulwege erzählt hadde, daß in ährem Gahrten so firchterlich vähle Quetschen wachsen dhäten. Dem Iwwerfluß sollde abgeholfen wären, so wit mä doderzu in der Lage waren.

Imme viere wurde bi den Gärtnern Kaffee gedrunken, das wußten mä. Fimf Minuten no viere waren mä an Ort und Schdelle. Der lange Karle hadde kaum iwwer de Hecke gegocken, imme ze sehn, ob de Luft au reine war, do war der Heini au schont wie d's Gewidder driwwer, un der rote Schänkel ging mit dem Ammi an der Hecke 'nof no dem Huse zu, daß se glich Schbektakel machen konnten, wann einer kommen dhät. Dann hädde der Schänkel den Ammi gehauen, der hädde gegauzt un mä hädden gewußt, was lose äs.

Jo, mä. Der Karle, de Bohne, der Heini un der samfte Frieder, die schlugen alszu mit Knibbeln in die Quetschen, un wie die mä als imme den Kobb rimme flochen, do hon ich se nadierlich ingeschtobbet. Erscht in de Hosenkibben un zwischendurch allemo eine ins Mull, dann in de Rockkibben un dann in de Mitze. Do gingen zwei Mäßerchen 'nin. Des Fudder war nämlich von mä zum Rusnehmen ingerichtet. Do ging also erscht'n Mäßchen in's Fudder un's annere in de eigentliche Betzel. Das war 'ne Badentkabbe for d's Schtreifen. Wie ich wirklich nix mehr unnerbringen konnte, do drickete ich mich und schbrach: nu machet schnell, daß Dä au noch was kricht, eh se kommen.

Do gock mich der Heini an, als wanne mich fressen wollte.

„Mä au noch was krichen? Du meinst wohl, die geheerten alle Dä? Die geheeren — — —"

„Die geheeren uns alle zesammen", fiel ämme der sonst so samfte Frieder in's Wort.

„Nochher wird gedheilt", kräsch de Bohne.

Doderbi sacketen se als feste wecken in. De Bohne schimbete firchterlich, weil ämme de Quetschen, die hä owen in de Hosenkibben 'ninschtobbete, unnen us den Hosenbeinen widder ruskuchelten.

W a u w a u, w a u w a u, w a u w a u!!

Das war der Ammi. Nix wie 'nus — — hobb, hobb — schwabb — 'n Schibbenschdähl fliegt mä an de Beine. „Lusejungen, verdammte Lusejungen!" heerte ich den ahlen Malkemes hinner uns hergahken. Als feste wecken im Galobb. Nu in de Fahrte. Dann imme de Ecke — bi Siegels in's Hus, iwwer den Hop, am Holzblatze bim Bäcker Geißler widder nus.

Geborgen! Rangdewuh of dem Hop bim Heini Schäfer.

'n halwes Mäßchen hat ich of der Flucht, die uns alle menschlich widder näher gebracht hadde, verloren. De Quetschendheilunge ging friedlich von schtadden. Mä entschlossen uns, widder an de Kirchendhäre ze gehn. Do saß me vor dreißig und mehr Johren nämlich recht scheene un ungeschdeert.

Ich konnte nit mehr wie fofzig Quetschen verdrahn, das wußt ich. 'n baar Dage vorher hat ich mo vierenzechzig Eierplummen bi mich gedricket. Do hat ich de ganze Nacht firchterliches Libweh gehadd, un minne Mudder, die von minner Leistunge keine Ahnunge nit hadde, schbrach am annern Morgen for den Dr. Stiehl, ich hädde doch'n firchterlich empfindlichen Magen, in der letzten Zidd hädde ich schont'n baar mo so'ne Art Ruhr gehadd. Der Doktor hadde mä dann was verschriwwen, un ich bruchte nit in de Schule. Das baßte mä zwar, awer des Buchzwicken hadde ich doch nit vergessen, un deshalb sah ich mich nu vor.

Was ich iwwer fofzig Quetschen hadde, das gab ich rus.

Der samfte Frieder schbrach kein Wort, der schbachtelte alszu Quetschen, als zu owen 'nin, alszu.

„Jetz bän ich awer voll," schbrach hä ofemo, „jetz finget's an, mich ze wirgen. 's äs schade, ich hädde gerne noch'n baar bi mich gedricket."

„Och, mußte mo orrentlich Wasser suffen", fiel ämme do de Bohne in's Wort, „dann rutschst widder."

Mä baßten nit mehr of den samften Frieder of, fingen vielmehr mit den Mäderchen an ze schbählen. Mä schenketen'en Quetschen, un do waren mä owen und de Jungen us der ahlen Leibziger Schtroße mußten abbatschen.

Do wurden mä ofmerksam of'n Haufen Menschen, die sich in der Kirchenallee angesammelt hadden. Mä nadierlich im Galobb hänne.

Himmelgewidder nochemo, da lag der samfte Frieder un krimmete sich wie'n Wurm. Un die Menschen, die immen rimme schdannen, meinten: „Der arme Junge hodd de Krämpfe." Mä wußten besser, was hä hadde. Mä schlebbeten das arme Luder heim und sahten sinner Mudder, 's wär ämme schlecht geworren, hä mißte sich verhibbet hon.

„Lusejungen, nixnutzige Lusejungen! Vom Verhibben riechte wohl au no Zigaredden un Quetschen!? Alle Dage weren se schlechter, disse Jungen. Na, wahrtet, morgen geh ich in die Schule."

Mä dricketen uns, in der felsenfesten Iwwerzeigunge, daß dem samften Frieder sinne Mudder awer au keine Ahnunge hädde, wie einem de Schullehrer so schont das Lewen so schwer machten mit ähren dummen Recheneхembeln, die kein Mensch machen konnte, nu wollte uns die des Lewen noch schwerer machen! Awer do driwwer waren mä uns einig: wann dem Frieder sinne Mudder in de Schule ging, dann sollde der Frieder forchbare Hiewe hon von uns. Der Blosenkobb hädde ofheeren kennen mit der Quetschenfresserei, wie hä fofzig im Liewe hadde. Un dann au noch Wasser 'nin ze suffen, so'n Ochse ...

Dem Frieder sinne Mudder war doch vernimftiger, als wie mä erwahrtet hadden, se ging nit in de Schule. Awer der samfte Frieder hadde doch au sinne guten Lehren us der Affähre gezochen. Wie mä'n baar Dage schbeeter mo dem Jakobi sinne Quetschen browierten, do hodde bloß neinenvierzig geschnabbet, hä meinte: „besser äs besser".

De Drillerpiffe

Ich kann von jedem Kasseläner verlangen, daß hä weiß, was 'ne Drillerpiffe äs. Den Heimatscheinern, die sich hier rimmerherdriewen un nadierlich nit wissen, was 'ne Drillerpiffe äs, wäll ich's klar machen. 'ne Drillerpiffe äs'ne kleine

Piffe von Holz mit 'ner Erwese drinne. Wann me nin blosen dhiet, dann pifft se. De Erwese wird vom Blosen meschugge un finget ahn ze danzen; doderdurch giwwet's Schbektakel in der Piffe.

Imme ganz deitlich ze sin, domidde daß's au der greeßte Blosenkobb verschdehn dhiet: der Piff, den me us der Piffe locket, äs gewirzt dorch'n schnarrendes R. Was'n einigermaßen heller Kerle äs, der kann den Don au 'rusbringen. ohne daß hä'ne Drillerpiffe hot. Hä brucht nur in der Kehle 'n R ze schnarren, als wanne schbrechen wollte: Rrrrus us den Karduffeln! Wann dann d's R schnarrt, dann machte de Schnudde schbitz, schnarrt d's R widder un pifft derzu, Grade so pifft 'ne Drillerpiffe.

So, nu weiß wohl jeder, der de Hose nit mit der Bißzange anzieht, was 'ne Drillerpiffe äs.

Ich wäll noch eins vorne wecken sahn: Wann einer of 'ner Drillerpiffe pifft, dann kännen in zehn Minuten zwanzig Menschen doll weren. Wann awer zehne of Drillerpiffen piffen, dann kännen se hunner Menschen in'ner Viertelschdunne wahnsinnig machen.

Ich kann mich an Christdage erinnern, wo bahle d's ganze Dörfchen hädde drillerpiffendoll weren kännen.

* * *

Mä wohnten im Bäcker Geißler sinnem Huse of dem Holzblatze, glich d's zweite Hus von der Ecke. Zwei Drebben hoch hadde min Vadder sinne Werkschdelle, drei Drebben hoch dhaten mä wohnen. Of dem Gange vor der Schdowwendhäre schdand 'ne firchterlich große Kiste. Die schdand schont Johr un Dag do un kam mä oft zu schtadden. Wann ich mä bim Iwwerkleddern iwwer 'ne Hecke, hinner der scheene Aebbel- oder Quetschenbaime schtannen, de Hose kabudd gerissen hadde, dann schbrach ich for minne Mudder, ich dhät immer an der Kiste of dem Gange hängen bliewen, ich hädde mä schont widder'n Loch in de Hose geschtoßen. Einmo, als so'n Hosenloch vom Bobo bis in de Kniekehle ging, do frogte ich, was das dann eigentlich for 'ne Kiste sin dhät.

Do seifzde minne gude Mudder un sahde mä, daß ähr de Kiste au schont längest im Wege sin dhät, awer se mißte vorlaifig noch do schdehn bliewen. Imme de Kiste dhät brozeßt weeren.

Nu war ich nadierlich erscht recht neigierig un dhat minne Mudder usfrogen, als wann ich'n Unnersuchungsrichter weer. Un do erzählte se mä, daß de Kiste dem Dabezierer Aul geheeren dhät. Der hädde alle Johre auf dem Christmarket 'ne Fimfgroschensbude. Bi 'ner Beschtellunge, die hä bi'nem Fabrikanten in Dieringen gemacht hädde, hädde hä nu'ne falsche Nummer angegewen, un infolgedessen schdatt 'ner Kiste voll hälzerner Päre 'ne Kiste voll Drillerpiffen gekricht. Die hädde hä nit nehmen wollen, der Fabrikante wollte se au nit widder hon, un nu dhäten se brozessieren. Bis daß der Brozeß alle sin dhät, dhät de Kiste bi uns schdehn bliewen, weil min Vadder doch dem Aul sin Freind weer, un der hädde derheime keinen Blatz for so'ne große Kiste.

Aha, also Drillerpiffen waren in der Kiste. Nu krichte ich de Kiste nochemo so lieb. Ich schtreichelte se manchemo un fiehlte doderbi, ob se nirgends'n Astloch hädde, wo villichte mo'ne Piffe zufällig rusfallen kännte, wamme'n bischen kräftig nochhelfen dhät.

Nu hadde ich schont immer große Dalente als Nadurforscher gehadd. Mit Bezug dodrof hadde au min liebster Lehrer, der ahle Dr. Klinckerfus, gesahd: Junge, was us Dä mo wird, das wissen de Gödder! Ich suchte den Dingen immer of den Grund ze kommen, oder, was mä domols dasselwe schien, ich mußte iwwerall innewennig 'nin gucken. Daß alle Bubbelen minner Schwester Sägeschbeehne im Liewe hadden, bereitete mä'ne große Entdaischunge. Un daß min Schaukelgull Holz im Buchch hadde, krichte ich au bahle wecken. Das bischen Fell, was imme den hälzernen Libb geschbannt war, blatzte glich of, wie ich kaum mit dem Feddermesser mo drahne gedibbet hadde. Gar keine Ahnunge von Schnieden, wie min Vadder alszu behaubtete.

Un in de Kiste sollde ich nitemo 'nin gucken kännen?

Do hodd mich der scheiwe Chrischtoff of'ne Folder geschbannt. Der hadde zwei Glaswackeln, die mä zur Glickseligkeit grade noch fehlen dhaten. Un der blaue Emil reizte mich mit'nem Dullerdobb, wo noch drei kleine Dullerdöbbe drinne sitzen dhaten.

Herrgodd, hoste dann gar kein Mitleid mit mä! Was

2*

verschdehn die zwei von Dullerdöbben un Glaswackeln! Verschaff se mä!

Do fiel mä de Drillerpiffenkiste widder in. Do sollden doch Dausende von Piffen drinne sin, Ach, wann ich bloß zwanzig dervonne gehadd hädde. Wann's au fimfenzwanzig gewesen wären! Do hädd ich'n feines Quankelgeschäft dermidde ahnfangen kännen.

Nu fing ich ahn, au mit den Absätzen de Kiste ze schtreicheln. Awer d's Dos war of allen Sieden wasserdichte. Do, eines scheenen Dages sah ich, wie am Deckel 'n Schticke Holz abgeschbrungen war. Der Deiwel sall mich holen, wann ich's vorbereidet hadde. Ich packete mit zwei Fingern 'nin un hadde'ne Piffe!

Bim Rusziehen awer ritzte ich mä den Finger blutig, un do war's mä, als wann ich minne Mudder un den Dr. Klinckerfus vor mä schdehn sah!

Ich ließ de Piffe drinne un schlich mich gedučket in de Schtowwe. Awer minne Dugend sollde glänzend belohnt weeren. Am Owend kam Herr Aul un erzählte, daß hä de Piffen behahlen mißte, hä hädde den Brozeß verloren!

Of de Froge minnes Vadders, was hä mit den Piffen machen wollte, antwortete hä, daß hä se unner der Hand midde verklobben un als Zugaben wecken gewen wollte.

Do hon ich gefrogt, ob ich mä eine nehmen dirfte. Do hodde gesahd: „Jo, Henner, so vähle wie Du bruchest, kannste nehmen!"

Goddverbommig nochemo! Nu awer 'nus un ingepacket. Dann nunner of de Gasse. Blauer Emil, wo bäste? Scheiwer Chrischtoff, wo hoste de Glaswackeln? Was kost's Dörfchen!?

Un das war am Festsonnowend! Ich hadde'ne Schdunne schbeeter schont'n kleines Warenhus. Ich hadde minnen Freinden blausibel gemacht, daß'n Junge us anschdänniger Familie iwwerhaubt gar nit ohne Drillerpiffe sin kännte. Doдervonne kännte absolut keine Rede nit sin. Erschtens mißte me se hon, weil me sich dermidde verschdännigen kännte. Wann mich einer hon wollte, dann bruchde hä nit mehr'ne halwe Schdunne of der Gasse ze gahken: „Henner, komm'n bischen runner!" Dann bruchde hä bloß of der Drillerpiffe ze piffen. Zweitens kännte me se au zur Erheehung der Feierlichkeit benitzen, wamme Schellenbarade machden. Driddens kännte me de Kaufliete, die zu wenig

Bollerchen oder zu schlechte Zigaredden verkiefen, ärgern, wamme uns vor ähre Ladendhäre schdellten un piffen. Un viertens – na jo, minne Freinde waren verschdännige Jungen, un se sahen in, daß ich Recht hadde.

Un do hon ich se dann mit Drillerpiffen usgeristet. Manche krichten drei Schticker, je nodeme, was ich dervor gekricht hon.

Vom blauen Emil hon ich den Dullerdobb und vom Chrischtoff zwei Glaswackeln gekricht. Der lange Karle hodd 'ne ahle Blechfleete un der rote Schänkel 'ne hälzerne Schbritze geobbert. Vom grienen Willi krichte ich'ne firchterliche Indianergeschichte. Mä schtehn heite noch de Hoore ze Berge, wann ich drahn denke, wie vähle Menschen se do drinne schkalbiert hon. De Bohne hodd mä for zwei Drillerpiffen 'ne Zwille gegewen. Dodermidde hon ich dann am erschten Festdage 'ne große Fensterschiewe kabudd geschossen. Vom Quetschenfrieder krichte ich'n abgebrochenes Daschenmesser. Un so widder.

Minne Freinde, die zwei un drei Drillerpiffen ingehannelt hadden, hon dann widder gequankelt. Am erschten Feierdage machden mä dann – so'ne zwanzig Schämmerchen – Konzertreisen durch's Dörfchen. Wo mä fimf Minuhden waren, do kamen Besenschdähle us den Husdhären un Wasser kam us den Fenstern. Von musikalischem Verständnis war domols noch nix ze schbieren im Dörfchen. – – –

Am zweiten Feierdag morgen ging bi uns de Schtowwendhäre alszu of un zu.

„Ach, Herr Piffendeckel, was hodd Ihr Junge widder usgehecket!"

„Ach, liewe Frau Piffendeckel, der Henner hodd uns do awer'ne Subbe ingebrocket. Mä sollen usziehen wegen der Pifferei!"

„Wo hodd dann Din Henner de vählen Drillerpiffen her, Fritz?" Mit dissen Worten kam lachend der Schrinnermeister Klotzbach in de Dhäre. „Das äs doch'n Gewidderhund. Din Henner – – –"

Jo, awer wie ich mich gebessert hon!

Drei Beine un zwei Schwänze...!

D'r Keenigsblatz in Kassel sieht jetzt mehr no Großschdadt us, wie vor fofzig Johren, obwohl hä domols au schont rund un schtolz of sin sechsfaches Echo war.

Uns Jungen gefiel der Blatz allemo vor Christdage am besten, wann d's Christmarket of ämme war. Newen Schirzen un Schtiwwelen, hölzernen un blechernen Waaren, die mä Jungen keines Blickes wirdigten, gab's au vähle Zuckerbuden, wo mä gebrannde Mandeln, Honigkuchen un Bollerchen kaufen oder wenigstens ahngucken konnten. „Bollerchen", weiß d'r Deiwel, wie ich widder mo grade of das Wort komme! Awer nu, wo's mä us d'r Feder geflossen äs, do schbiere ich, wie mä gradezu d's Wasser im Mulle zesammenlaift wie vor fofzig Johren, wann von Bollerchen de Rede war. Wie vähle mo hon ich im Laufe der Johre von „Bonbons", von „Guts", von „Zuckerklumpen", „Zuckerle", „Feuersteinen", „Zuckerstee" un „Zuckerstaa" geheert – das hodd mich immer kalt gelossen, awer Bollerchen? O sel'ge Zidd, o liewe Mullbeerenschanze!

Un noch was gab's, was unse Lusejungenherzen heeher schla'n ließ: das waren de Bleisoldaten in den Buden. Ach, was hadde ich die so gerne, de deitschen sowohl wie de Franzosen. Ich begeh wohl keinen Landesverrot, wann ich bekenne, daß mä de Franzosen sogar am besten gefallen hon. Das war au ganz nadierlich. Die hon mit ähren roden Hosen uns vähle mehr in de Augen geschtochen wie de Preißen. In zweiter Linie hadde ich de Bayern gerne, weil se wenigstens hellblaue Hosen ahne hadden! Jo, wamme au kurhessische Leibgardisten ze sehn gekricht hädden! Awer alles, was an d's ahle Kurhessen hädde erinnern kännen, das hon uns de Preißen in der Schule un iwwerhaubt unnerschla'n. Von wegen deme: weil se ons Hessen mit Hudd un Hohren 1866 geschdohlen hon.

Ach, de scheenen Soldaten! Un wie vähle gab's dodervonne. Ich zoch nadierlich von Bude zu Bude un bedrachdete mä Schachdel for Schachdel ganz genau. 's hodd wahrscheinlich niemols'n Feldmarschall gegewen, der iwwer den Schdand der eigenen un feindlichen Soldaten so genau Bescheid gewußt hodd, wie ich iwwer de Verdeilung der Preißen, Bayern un Franzosen of dem Keenigsblatz in Kassel eine Woche vor Christdage.

Awer trotz minner guten Informazzionen iwwer de eigenen un fremden Kräfte sollde ich grade of dem Christmarkte minne furchtbarste Schlabbe erlieden, 'ne Schlabbe, wie se schlimmer gar nit usgedacht weren kann. Un do drahne war'n Pährd schuld, oder besser gesat zwei Pähre, oder noch richtiger: ein Pährebein un'n Pähreschwanz. Das Pährebein geheerte 'nem wissen Schimmel von Holz, der Schwanz 'nem hölzernen roden Fuchs. Ich wäll disse firchterliche Geschichde ganz genau erzählen. Uns wissewieh wohnte de Schbatzenmillern, die hadde of dem Keenigsblatze d's allerneiste, was's domols gab: 'n Fofzigfennigsbazar. So was war iwwerhaubt noch nit dogewesen. Jedes Schticke kostete do fofzig Fennige – jede Schachdel, ob nu Schoofe, Hieser, Bubbelen, Hiehner, Soldaten, Bitschen, Piffen, Koch- oder Bullerdibberchen drinne waren. Ewenso de Gewehre un Säwel, de Helme un Drombehden, Bistohlen, Pähre – – ach jo, de Pähre, die schdachen mä am meisten in de Augen. Das waren for mich echte Arawer un Drakehner, an Bewerbeck dachte ich garnit erscht, das lag vähle zu dichte bi Kassel. Echte Arawer un wisse Schimmel us „dausend un einer Nacht". Eins war in der Haldunge immer edler wie d's annere. Dutzendwiese schdannen se do newen enanner. Hergodd nochemo, wamme dodermidde schbählen kännte.

Ich schdand schdunnenlang an der Schbatzenmillern ährer Bude un suchte mich nitzlich ze machen. 's kam mä schont vor, als wann ähr Verdrauen zu mä im Wachsen weer. Ich hadde mich nit verrechend, denn ich durfte ähr in d'n Barracken 'n Kännchen „Nordhieser mit Wachholler" holen. Un schliesslich durfte ich sogar in de Bude kommen un helfen, wann's was inzewickeln gab. Ich gewann an Verdrauen bi der Schbatzenmillern, das war ganz deitlich ze merken. So durfte ich ähr am anneren Dage schon Schnabs un Schinken holen. Un schliesslich durfte ich am Morgen, wann 's Geschäft ganz schdille war un de Schbatzenmillern mit dem Besenschmidt, der newenahn 'ne Bude hadde, kalladschte, in de Bude gehn un mit d'n Pähren schbählen. Jo – un was glaubeste –, bahle durfte ich sogar biem Verkaufen helfen. Do hon ich d's Inwickeln, glauwe ich, iwwerhaubt gelernt.

Ach, ich war so glicklich zwischen alle den scheenen Sachen, awer d's Unglicke kam so schnell. Unner den vählen Pähren hadde ich bahle zwei Lieblinge, 'nen wissen Schimmel un 'nen roden Fuchs. Das waren wirklich Wunnerdhiere, ich schbählde mit'n, wie minne Schwester mit ähren Bubbelen, un ich unnerhiel mich mit'n, als wann se de Schdammbaime von den klugen Hänsen gewesen wären. Do offemo – Godds Gemicke, ich weiß nit, wie's zuging – fielen mä die zwei Pähre of de Aehre, un wann emo d'r Deiwel sinne Pohden im Schbähle hodd: was mä am meisten gefallen hadde an dem wissen Schimmel, nämlich sin grade no vorne geschdreckedes rechdes Vodderbein, war abgebrochen, un – ewenso schlimm – der rode Fuchs hadde sinnen scheenen, ach so kiehn geschwungenen Schwanz lossen missen!

Zwar hadde de Schbatzenmillern d's Unglicke nit gesehn, awer was sollde ich Unglicksrabe bloß ahnfangen? Mä war firchderlich driewedrost zu Mude. Zunächst verschdeckelde ich de beiden Pähre mo, so gut wie's ging, zwischen allerlei Kisten. Das wisse Vodderbein un den roden Schwanz legte ich in'ne kleine Schachdel. Kimmet Zidd, kimmet Rot, dachte ich. Un's kam, weiß Godd, schneller wie ich gedacht hadde, 'en Fingerzeig vum Himmel.

's war schont'n bischen dämmrig, do kam'n Buhre an de Bude, der'n bischen vähle angeraucht war. Hä wollte'ne Kleinigkeit kaufen for sinnen Junge, der weer acht Johre alt.

„O, kaufen Se ämme so'n Pährd", fiel ich ämme glich in's Word. „Sehn Se mo so'n Schimmel ahn – der wird ämme Schbaß machen."

„Host recht, Junge," meinte der Buhre. „Wickeln Se mä dissen Gull in," schbrache zur Schbatzenmillern, un gab ähr'n Pährd in de Pohden. De Schbatzenmillern gab mä den Gull zum Inwickeln, un das war de Leesunge. Ich verschwand in de Bude, verquankelte den heilen Gull, den der Buhre sich rusgesuchd hadde, mit minnem kabudden Schimmel un legte ämme schnell das abgebrochene Vodderbein – wie ich meinte – derbi. Der sollde am anneren Dage mo zu der Schbatzenmillern kommen un etwa behaubden, daß hä das Pährd nit kabudd gemacht hädde. Die wirde ämme scheene heimleichden.

Freehlich sockete ich heimwärts. Einmo war's doch ganz gut gegangen. Ach, den roden Fuchs wirste morgen au schont los, ohne daß de ahle Millern was merket. Un ich bän am anneren Morgen den roden Fuchs wirklich au los geworren, un zwar of grade so anschdännige Weise wie am Dage vorher den wissen Schimmel. Awer, awer, armer Henner – – –

's war am Nachmiddag, un's wurde schont dämmerig. D'r Besenschmidt machde grade sinne Bedrolejumslambe ahn, do drang mä'ne Schdimme in de Ohren, als wann de Muhren von Jericho immegeblosen wären sollden. Ich heerte einen gahken: „Do äs jo die Schwindelbude! So'ne Gemeinheit! Sie, Frau Fofzigfennig-Bazar – –!"

Wie 'ne Furie stirzte de Schbatzenmillern us d'r Bude rus: „Was sa'n Sie, Sie Saubuhre, Schwindelbude?"

„Jo, Schwindelbude! Aes das etwa kein Schwindel? Ich hon hier'n wissen Schimmel gekauft, 'n ganzes Pährd, un ingewickelt hon's mä'n kabuddes. Aes das Schwindel oder nit?"

„So was giwwet's bi mä nit. Ich verkaufe nur ganze Sachen. Sie waren doch voll, wie'se bie mä gekauft hon, wahrscheinlich hon'se d's Packet unnerwegs hännegeschmissen ..."

„Nu halen'se awer bloß d's Mull. Wann ich wirklich d's Pährd zerbrochen hädde, dann mißte doch d's abgebrochene Bein wiß sin –"

„Jo, nadierlich, muß's wiß sin –"

„Jo, Prostemohlzidd, awer erschtens äs's nit wiß, un zweitens äs's iwwerhaubt kein Bein, das wisse Schimmelbein äs nämlich'n roder Pähreschwanz!"

„Das äs nit wohr! Das äs nit wohr!"

„Do gucken's doch!"

De Schbatzenmillern war ganz us dem Hißchen – se schrie no dem Besenschmidt: „Kommen'se doch bloß mo her – wie äs dann so was bloß meeglich?"

In dissem Augenblicke kam'ne junge Frau an de Bude, die wollte gerne'n hälzernen Fuchs immedauschen. Se hädde den Fuchs ganz gekauft, un wie'se heimgekommen weer, do hädde der Gull keinen Schwanz mehr gehadd, doderfor awer hädde hä'n wisses Vodderbein bi sich gehadd. Se wollte awer keinen schwanzlosen Fuchs mit fimf Beinen, den kännte'se ähren Jungen nit unnern Christbaum schdellen.

Inzwischen schimbede der Buhre immer mehr, hä wollte de Bollezei holen. De Schbatzenmillern war schbrachlos, was ähr im Lewen noch nit bassiert war. Do guckede'se no mä un sah, daß ich mich grade vorsichdig dricken wollte – ich ahnde nix Gutes nit un nahm nu schleinigst Reißaus. Ich heerte nur noch'n baar Worde, die sich so ahnheerten wie: „Infamer Lusejunge! So'n missераweler Huddig, wahrte, Du kimmest mä nochemo an minne Bude!"

Zappenschtreich

Villichte äs's des letzte mo, daß ich'n Brief us minnem liewen Dörfchen schriewen kann. Je nodeme, wie's am Sonndag zugeht, bän ich am Mondag villichte schont 'ne dote Leiche. 's äs nur'n Glicke, daß de Bollezeidiener ähre Säwel erscht scharf gemacht krichen, sonst dhät's doch verdebbelt lange duern, bis se uns de Köbbe abgesäwelt hädden mit ähren schtumben Käsemessern.*

Daß's Reweluzjohn giwwet, schdeht feste, do bißt keine Mus 'n Faden ab. Von minner Husdhäre hon gestern middag de Jungen us der Mählengasse schont so'ne Art Generalversammlunge abgehalen, un do hon ich geheert, wie se einschdimmig de Iwwerzeigunge usgeschbrochen hon, daß's bis Sonndag losgehn dhät.

Einer wußte sogar ganz genau, daß bim Lottmann Dag un Nacht de Schleifschteine laufen dhäten, un'n annerer, dem sinne Schwester 'n Schatz bi der Addollerie hat, hadde ofgeschnabbet, daß de Kanonen extra geschmährt wären dhäten. Awer hä wußte au'ne vertrauliche Middeilunge ze machen, die aber nit widder erzählt wären därf: die Addolleristen hädden heimlich de Kanonenkucheln gebolstert, daß's nit zu weh dhäte, wann se of Vadder un Mudder schießen mißten.

Wie minne Dante in der Zägengasse gelesen hot, daß's Reweluzjohn giwwet, do hodd se mä'n Schutzbrief geschicket, den sall ich of d's H e r z e legen, dann dhät mä nix bassieren,

* Es waren für den Sonntag Demonstrationen in ganz Preußen zu Gunsten des Wahlrechts angekündigt worden.

dann gingen alle Kucheln, Säwel- un Lanzenstiche rechts imme de Ecke rimme. In dem Briefe, der vom Himmel gefallen äs – hä wird au for fimf Groschen an de Soldaten verklobbet, wann se no Afrika fahren –, schdeht drinne, daß im Namen Goddes, des Vaders, des Sohnes un des heiligen Geistes alle Kucheln verbi gehn mißten.

's äs schade, daß mä minne Dante den Brief nit vor drissig Johren geschicket hodd, da hädd ich villichte drahn geglauwet, un dann hädd ich'n mä do in de Hose geneeht, wo me drof sitzt. Villichte wär dann manchemo'n Hieb verbigegangen. Himmel, Gewidder nochemo, einmo do hädd ich so'n Schutzbrief vor dem Hinnerquardiere wirklich gut bruchen kennen ...

Jetz, wo ich den Dot durch'ne gebolsterte Kanonenkuchel oder'n frisch geschliffenen Säwel vor Augen hon, do seh ich min ganzes Lewen noch emo wie of'ne Mordgeschichtendafel gemolt vor minnen Augen erschdehn – – –

Richtig, so war das mit den firchterlichen Hiewen: Ich war zehn Johre alt, un der Fritz, minnem Vadder sin Lehrjunge, war fofzehn Johre alt. Das war'n Lusejunge durch un durch; mä zwei baßten deshalb au großartig zesammen un mä waren deshalb gute Freinde. Do war dem ahlen Willem sin Gebordsdag un am Owend vorher Zabbenschdreich. Min Vadder hadde mä schdrenge verbodden, wecken ze gehn, awer der Fritz hadde mä gesaht, do wär „was lose" un mä dhäten'en großen Jux hon. Hä hädde was ganz neies erfunnen.

Nu hing ich sozesahn zwischen Hudd un Knochen. Awer der Fritz dhat siegen, hä hadde mä nogewiesen, daß min Vadder gar nix merken kennte, weil hä doch bi den Meisner in de Wirtschaft gehn dhät.

... Unnerwegens dhat mich der Fritz inweihn in sin'en Blan, un ich muß sahn: mä schdannen Mull un Nase of. Der Fritz hadde wirklich was lose. Von deme konnte me was dichtiges lernen. Deshalb war's unverantwortlich von minnem Vadder, daß hä unse Freindschaft kabut machen wollte. – Of der Follebricke gab mä der Fritz 'ne scheiwe Dabbezierernadel un'n langen dicken Bindfaden.

„Siehste, das macheste so, wie ich. Do ziehste den Faden 'nin, of der einen Siete bindste'n Knodden. Dä, guck hier, so –"

„Ja, was sall ich dann dodermidde?"

„Schoofskobb, merkeste dann immer noch nix?"

„Nä."

„Henner, was bäste schwer von Begriffen, us Dä wird im Lewen nix. Jetzt schieweme of den Friedrichsblatz, do sin schont vähle Menschen. Wo d's Gewiehle am dickesten äs, do –"

„– do mä midden 'nin, das äs klar, wie Klosebrieh, awer –"

„Awer – Herrgodd nochemo, dann nimmeste Dinne Nadel un ziehst se einem durch den Rock un dann machest De Dich an'n annern un –"

„Un dann krich ich einen of de Badderie, wann se's merken."

„Ach, merken! Merken dirfen se's erscht, wann De Dich gedrickest host. Du weißt doch, wie d's elfte Gebot heißt: „Loß Dich nit erwischen."

„Jo, awer –"

„Ach, wann De Angest host, dann geh widder heim."

Do hadde mich der Fritz wo gepacket, wo ich nix vertrahn konnte – Angest!

„Fritz, Angest, das äs nit, also, 's wird gemacht."

„Na, also. Mußt'n bißchen ofbassen. Wann's klabbet, dann giwwets'n großartigen Fez. Bi mä klabbet's, do kannste Dich drof verlossen. Ich hon sechs Bindfaden. Wann ich'r allemo viere oder fimfe ofgezochen honn, dann mach ich'n Knodden in's Seil un dann drick ich mich."

Ich gock den Fritz von der Siete an. Donnerwedder, das war doch'n Kerl. Wann ichemo so wären kennte, wie der!

's war'n firchterliches Gewiehle of dem Friedrichsblatze. Mä midden 'nin. Un's klabbete au ganz gut. Ich hadde schont drei am Seile, ohne daß einer was gemerket hadde. Do heert ich ofemo den Fritz firchterlich krischen: au! au!

Un in dem selwen Augenblicke, wie ich mich rimme drehte – ich hadde wohl zu feste an minnem Faden gezochen – schwabb, do hadde ich au schont einen an den Laden gekricht, der nit von Babbe war.

Ununnerbrochen heerte ich den Fritz krischen: au! au! Währenddeme klobbeten se mä mit Schirmen und Schbazierschtäckeren immer hinnen drof un schimbeten als zu:

„So'n Lusejunge! Hä äs kaum drei Käse hoch un hodd schont so Schdreiche im Kobbe!" — — —

Dante us der Zägengasse: Wo haddeste domols Dinnen Schutzbrief? Derheime hädde ich'n iwwrigens noch besser bruchen kennen, min Vadder war nämlich der ganz un gar falschen Meinunge, daß ich noch nit genug gekricht hädde. So hadde sich der im Lewen noch nit geirrt. 's hadde wirklich geschicket! — — —

Schänkel Burzelbaum

Geh zum Leibz'ger oder zum Frankforter, zum Holländischen oder zum Weserdhore 'nus — iwwerall äs freehliche Jugend ze sehn, die Allotria driewet.

Junge, Junge, was hon mä so vor bahle vierzig Johren for Schticker geliwwert!

Unse Gebiet war de Mullbeernschanze un was drangrenzt. Der Liewenz un der Silwer, der Jacobi un der Kraft — die alle hadden keinen Aebbel- oder Quetschenbaum im Gahrten, den mä nit gekannt hädden wie unse Hosenkibben.

Awer mä wußten nit nur Bescheid mit dem Owest, mä waren au Feinschmecker, sowidd de Karduffeln in Froge kamen, un die schbählten gar keine kleine Rolle imme de Drachenzidd. For uns kamen bloß de besten Bezugsquellen in Froge.

De Schbanschrohrschteckelerchen for unse Drachen bezochen mä us der Willemannsgasse vom Hellmuth. Sonst homme nix von usserhalb geholt, vielmehr alles im Dörfchen gekauft oder gefunnen. Den Bindfaden for de Jungen us drei Gassen mußte ich minnem Vadder usschbannen, un d's Siedenbabier for de Drachen das wurde bim Kisselbach in der Schingergasse gekauft. Unse Drachen waren domols beriehmt. So hoch wie mä de Dinger in de Luft brachten, kamen se sonst in ganz Kassel nit.

De Schwanenwisse war for de Drachenzidd unse Lieblingsblatz. Wann mä de Drachen „schdehn" hadden, dann wurde der Bindfadenrest im Erdbodden feste gemacht. Einer mußte bi jedem Drachen schdehn bliewen un de anneren bereiteten de Mohlzidd vor.

Der eine mußte Holz holen un for de needigen Schwäwelhälzer sorgen. 'n annerer mußte mo gucken, ob bim Kraft de Quetschen schont alle abgemacht waren. De Piffigsten mußten bim Liewenz nosehn, ob hä noch Renädden ze verkaufen hadde. Wann der verdammte kleine Sauschbitz, der mä mo de Hose zerrissen hadde, nit derheime wär, dann sollden se au'en baar Renädden „finnen", awer nit ze wenig. Widder'n baar annere, die imme de Vesberzidd sich mo derheime sehn lossen mußten, die krichten den Ofdrag, Karduffeln in der Mitze middezebringen. Vorusgesetzt nadierlich, daß mä in der Nähe nit selwer welche usmachen konnten. Wagen voll Karduffeln fuhren domols durch alle Schdroßen; au an vählen Hiesern von kleinen Geschäftslieten, die'n Gahrten oder'n bißchen Ackerland hadden, schdannen Säcke voll Karduffeln. De Haubtsache war, daß mä gute Sorten krichten. Wann's irgend ging, mußten se us'nem ganz beschtimmten Dorfe sin. Ich wäll's hier nit nennen, sonst glauwet villichte de Nase, ich krichte'n Sack for de Reklame.

Daß au Salz zur Hand war, verschdeht sich von selwer. Kurz un gut, 's war'n Lewen wie im Paradiese. Erscht wurden de Karduffeln gebrohden, dann wurden Aebbel geschnabbet und zwischendorch mo Wasser gedrunken.

Gewirzt wurde d's Mohl hin un widder mo durch'ne kleine Klobberei. 's wurden Ringkämpfe veranschdaldet un Weddrennen. Einmo – das vergeß ich im Lewen nit – do hon mä Zirkus geschbählt. Das war zu der Zidd grade Mode bi uns Jungen, weil kurz vorher der Zirkus Carré do, wo jetz d's Regierungsgebaide schdeht, geschbählt hadde und dann abgebrannt war.

De meisten von uns konnten of den Hännen laufen un vähle konnten of dem Kobbe schdehn. De hohe Schule ridden mä au. Do nahm einer den annern of de Schullern un dann ging de Mimik los. Bloß den Saldomordahle konnte keiner richtig. Die Geschichte klabbete immer bloß halb. Mä waren der Verzweiflunge nah. Was war dann au'en Zirkus, in dem keiner'en Saldo schlahn konnte. Schließlich hadden mä's rus. Mä Großen mit unsen nein, zehn, elf un zwelf Johren – mä waren schont „zu alt", unse Knochen waren schont „zu schtiff". Aber nadierlich! Mä mußten also'nem kleinen Junge den Saldo bibringen, un der Schänkel Zahn schien sich au derzu ze eignen. D'r Schänkel ging d's erschte Johr in de Schule, dem sinne Knochen mußten sich noch biegen lossen.

Hä war's zefridden. Mä machten also erscht'n großen Haufen von Karduffelkrudd un dann mußte der Schänkel Burzelbaime schlahn. Das konnte hä, awer widder au nix. Nu fingen mä an, ämme de Knochen „ze biegen". Das gefiel ämme nit, un mä mußten ämme schließlich de zwei scheensten Renädden gewen, domit hä ofheerte, ze krischen. Ganz ohne Erfolg waren de Versuche nit. Wann mä ämme nachhalfen, dann fiel hä schont bis of den Buckel, ohne daß hä mit dem Kobbe of de Aehre gekommen war. Mä verloren de Hoffnungen nit un fudderten den Schänkel alszu mit Quetschen un Brohdkarduffeln un Aebbeln, domit hä de Versuche nit dicke krichte.

Mä waren dichte am Ziele. Geschbannd schdand de ganze Zirkusmannschaft imme uns rimme. Do packeten der lange Karle un ich den Schänkel jeder an einem Hosenbeine, domit mä ämme bim Schbrunge den richtigen Schwung gewen konnten.

Der schähle Adam zählte: Eins – zwei – drei! – Der Schänkel hibbet – do dhiets'n Krach, ich hon'ne Hose in der Hand un der Schänkel schtrecket sinne nacketen Schtorchbeine in de Luft – –

„So lange hon ich Och zugegocken!" rief do der Feldhieter un kam hinner 'ner Hecke rus. Mä nadierlich usgerickct mitsammet dem Schänkel – hurro – hostenitgesehn iwwer de Wisse no dem Linsendich – der Schänkel nadierlich mit den nacketen Beinen midden 'nin. Dann in de Tabbsgasse – –

Bi unsen drei Drachen waren de Nase, der Heini Müller un der Schang Schreiber gebliwwen. Die kannten uns nadierlich nit, die hadden uns im Lewen noch nit gesehn, wie se der Feldhieter gefrog hodd, was mä vor Schämmerchen wären.

Am Owend klobbetes bie uns derheime ahn. Dem Schänkel Zahn sinne Mudder war an der Schtowwendhäre; se wollte de Frau Piffendeckeln gerne mo schbrechen. Ich wollte grade sahn, daß minne Mudder nit derheime wär, do kam se awer schont us der Kiche.

„Gu'n Owend, Frau Piffendeckel!"

„Gu'n Owend, Frau Zahn!"

„Gucken Se nure mo de Hose ahn vom Schänkel. Do henket noch d's halwe Leibchen drahne, wo se drahne geknäbbet war. Ihr Henner – – –"

Mehr honn ich nit geheert, weil ich mich schleinigst drickete. Ich ging dann minnem Vadder entgegen, der mußte bahle heimkommen; der dhat mä nix, das hoffte ich.

Wie mä Oflaufe machden

Mä hadden widder mo'n Oflauf gemacht. Das war allemo'n Haubtschbaß. Godds verdohlei nochemo! Einer mußte sich vor irgend'n Hus schdellen, alszu drahne nofgucken un so dhun, als wanne wunner was ze gucken weer. Doderbi mußte hä dann wichtig dhun un immer mehr Jungen herbirufen.

Das duerde keine fimf Minuhden, dann war'n großer Haufen zesammen; der schbektakelte no Nohden; un alle Dheilnehmer gocken das Hus oder gar'n beschtimmtes Fenster ahn. Eins, zwei, drei wurden dann in der Nachberschaft de Fenster ofgemacht.

„Was äs'n do lohse?"

„Och, kommen Se nuremo runner, was do ze sehn äs!!" –

Ahle un junge Wiewer schtellten sich dann vor des Hus un gocken un gocken un frogten un kallahtschten.

Einer von uns rief dann mo widder derzwischen: „Ewen hon ich se widder gesehn! Hurroh! Hurroh!"

„Schont widder, schont widder!" krisch dann'n annerer. Un der Oflauf dhat immer greeßer wären, bis de ganze Gasse voll Menschen schtand, die alszu zu dem Huse nof gocken. Schließlich kam'n Butz, mä ricketen us un die Wiewer zänketen sich mit dem Butz rimme, weil se doch nit au glich wecken laufen konnden. Nadierlich schwohren dann alle drof, daß wirklich do owen „was lohse" gewesen äs, weil niemand zugewen wollte, daß hä sich von'n baar Lusejungen hadde anschmähren lossen.

Nadierlich klabbeden unse Unnernehmungen nit immer, manchemo ging's au scheib, un manchemo gab's sogar langen Hawwer. Das dhat unsen Unnernehmungseifer awer nit lange lähmen. Wann's in der Schingergasse nit klabbede, dann konnte's doch in der ahlen Leibziger (jetzt Kaufunger) Schtroße klabben.

Do hodd's au mo ganz ekelig geklabbed. Der Oflauf war wunnerscheene gewesen, un der Schbektakel erreichte sinnen Heehepunkt, wie us dem Huse, vor deme mä den Oflauf machden, 'ne Källe voll Wasser of uns geschiddet wurde, die awer 'ne Frau us der Nachbarschaft of d's Gedächtnis krichte. Ach, das Aehlend!

Nu gab's erscht'n Krach. Die mit dem nassen Kobbe schimbete nu nof, die Wasser usgeschiddet hadde, schimbete nunner un mä machden de Begleitmusicke derzu. Eins, zwei, drei, hostenitgesehn, war nu wirklich „was lohse", un mä konnden doch gar nix derzu, m ä hadden doch kein Wasser der Frau of den Kobb geschiddet!

Trotzdem kam us der „Krinoline"*, die domols neben dem Jägenschdalle war, so'n scheiwer Klammerhooken rus un verhaude mich ganz mordsmäßig. Ich sollte den ganzen Schbektakel ingebrocket hon, hä hädde ganz genau gesehn, wie's ahngefangen hädde. Ich war nadierlich ganz unschullig gewesen. Ich hadde bloß minne Freinde gefrogt, ob me villichte mo widder'n Oflauf machen sollden, oder ob einer was anneres wißte, wo me Schbaß drahne hon kennte. Un do hadden se glich ahngefangen, also konnde ich doch nix derfor!

Ich hon's ämme awer ahngeschtrichen, dem Scheiwen. Hä hadde nämlich au'en Junge, der hieß Willi, der durfte awer nit mit uns schbählen, weile sonst hädde verdorwen wären kennen. Disser Willi war'n guhder Junge, so'n richdiges Schoof; wann mä ämme mo'n Aebbelkriwwizz gawen, dann mußte hä erscht sinne Mudder frogen, ob hä'n au bicken durfte. Der Willi war also wirklich'n brahfer Junge, awer'n dummes Luhder ware, un neigierig ware au. Disser Willi sollde mich rächen for die Hiewe, die mä sin Ahler ohne Beschdellunge geliwwert hadde.

De neiste Nixnutzigkeit, die mä domols grade hadden, waren Sägen, die mä selwer machden. D's Rohmadderjahl liwwerte die „Krinoline" in Geschdald von Blechschtreifen.

---

* Jetzt Federstahl-Industrie.

Do wurden an den Druhselschteinen Zähne 'nin geschrabbet. De Griffe wurden us Hollunner gemachd. Wo's dann was ze sägen un kabudd ze machen gab, da wurde nadierlich gesägt. Ich hon noch sechsendreißig Johre schbeeter Schbuhren von der Sägearweid an'ner ahlen Kommohde von minner Mudder gezeicht kricht.

Mit so'ner Säge un dem ahrdigen Willi hon ich den scheiwen Klammerhooken us der Krinoline dann geärgert. Dem Willichen sinne Mudder hadde gewäschen un war grade derbi, of 'nem Seile, das zwei Drebben hoch vom Vodderhuse iwwer den Hop no dem Hinnerhuse durch Glasringe gezochen weeren konnde, ähre Hemmeder un Hosen un dem Willichen sinne Leiwerchen ofzehenken. Wie mä ähr doderbi vom Howe us zugocken, do kam der Deiwel in mich, der bis of den heidigen Dag noch im Liewe minnes Freindes Henner sitzt, un flisterte mä zu, wie ich's ahnfangen mißte – – –

So ungefähr fimf Minuhden schbeeter waren mä zwei Drebben hoch of dem Gang un gocken zu dem Fenster nus, wo de Frau Klammerhooken ähre Wäsche ofgehenket hadde. Ich klobbede so ganz zufällig, un ohne jede beese Absicht alzu mit minner Säge of den Glasring, wo des Wäscheseil derdorch ging, awer das Dos ging nit kabudd.

Do fuhr ich mit der Säge mo ganz zufällig iwwer des Seil, un do gab's'en Dhon.

„Heere mo, Willichen, was for 'ne Musicke, grade als wamme Geige schbählen dhät. Browier's doch au mo!"

Un do fing des Willichen ahn ze browieren, un mä dricketen uns vorsichtshalwer, der schähle Adam un ich. Un grade wie mä unnen waren, do flochen wisse Hemmeder un Hosen un Leiwerchen in den Hop un in den Dreck nin.

D's ahrdige Willichen hodd noch am selwen Owend firchterliche Hiebe gekricht. Ich krichte se erscht am anneren Dage, wie ich schont längest an neie Unternehmungen dachte.

D'r kleine Ballewutz

Seit vählen Johren loß ich mä de Hoore so kurz schnieden, daß me se kaum noch sieht. Awer me dhät se au nit sehn, wann ich se nit abschnieden lossen dhät.

Nadierlich hon ich se nit immer so kurz getrahn. 's gab mo 'ne Zidd, do gefiel's mä, of der linken Siete 'n Scheidel un of der rechten 'ne grosze Holle ze trahn. Das war zu der Zidd, wo mä minne Mudder de Hoore noch kämmete un de Backen streichelte. Lange äs's her . . .

Erinnert bän ich disse Woche an minne langen Hoore von 'nem Ballewutz, an den ich im Lewen nit mehr gedacht hädde, wann hä sich mä nit vorgeschdellt hädde als der „kleine Ballewutz vom Schlundermutz."

's äs merkwirdig, wie einem oft'n einziges Wort längest vergessene Geschichden im Gedächtnis widder offrischt.

„D'r kleine Ballewutz vom Schlundermutz" – an den Namen kennt ich'n ganzen Roman hängen.

Zuerscht muß ich den Schlundermutz vorschdellen, der in Wirklichkeit nadierlich annerschter hieß. Das war'n rotnasiger Ballewutz; hä wohnte im Dörfchen un war bekannt als Krawallschachtel. Disser Schlundermutz hadde'n Lehrjunge, der nur'n baar Johre älter war, wie mä. – „Mä" das waren der schähle Adam, der scheiwe Chrischtoff, der rote Schänkel, der lange Karle, de Nase un ich. Der Lehrjunge war nur'n Dreikäsehoch, hieß Heia un wurde von uns bloß der kleine Ballewutz genannt.

Hinner dem Schlundermutz sinner Ladenschiewe schdannen drei Fläschcherchen mit Hooröl, drei Schdicker Seife, zwei Birschderchen un'n baar Bomadendibberchen. Usserdeme hingen noch zwei Zäbbe hinner dem Fenster. Das alles hing so lange do, wie ich zericke denken kann. Nur eimo gab's was neies hinner der Schiewe: korze Zidd, nodeme der Heia in de Lehre gekommen war, do wurde eines Dages 'n Blakat hinner de Schiewe gehänket, do schdand droffe: daß Schuljungen sich immesonst de Hoore schnieden lossen kennten! Disses Blakat vom Schlundermutz sollte uns zum Unglicke wären – – –

In Beckers Laden am Renthop – jetzt äs'ne Wirtschaft drinne – do kiefen mä unse Bedirfnisse an Modellierbogen un ähnlichen Dingen, die'n Kasseläner Junge nit entbehren kann. Eines scheenen Dages nu lagen bi Beckers hinner dem Schaufenster ganz neie Bistolen, mit'nem messingeren Laufe drahne, der'n Finger lang war. Wie mä die Dinger gesehn hadden, do gab's keine ruhige Schdunne mehr for uns. So Bistolen mußten mä hon. 's kam uns ofemo vor, als wann'n Flitzebogen doch'n recht armseliges Schießdingen for d's Reiwer- un Schandarmenschbählen sin dhät. Me konnte zwar dermidde schießen, awer's knallte doch nit. Un was piffen mä schließlich of d's Schießen, wann's nit knallen dhat.

Mä simmelierte hinne un her, awer keiner wußte, wo mä d's Geld for de Bistolen herkrichen konnten. Ich hadde bi minnem Vadder mo wegen zwanzig Hellern for'ne Bistole of den Busch geklobbet, awer do hadde hä mich an den langen Hooren gezubbelt un gesaht: was bruchest'e 'ne Bistole, Du host doch'n Flitzebogen un'n Blosrohr. Der blies mä also was.

's war wirklich zum Verzweifeln. Mä waren sechs helle Jungen un wußten keinen Rot, wie me jeder zwanzig Heller for'ne Bistole anschaffen konnten. Jo, wann de Beckern sich of d's Quankelen inlossen dhät un for zwanzig Aebbel oder Beeren 'ne Bistole rusricken dhät, dann wollten mä bahle die Schießdinger honn. Dann hädden mä bim Liewenz oder Malkemes, bim Silwer oder bim Jakobi 'n kleinen Vorschuß im Gahrden genommen – na, den dhaten mä dann zum Droste of alle Fälle sowieso nehmen. Wo krichen mä die Bixtaulen her? – Wo?? – Wo???

Schwer simmelierend schdannen mä vor dem Schlundermutz sinner Dhäre un fobbeten den Heia. Der dhat ganz freindlich un zeigte erscht immer of des Blakat hinner der Ladenfensterschiewe un dann dhate uns au noch usdricklich zum Hooreschnieden inladen. Do kam de Erleichdunge iwwer uns.

Wann ich nit irre, war's der lange Karle, der das Ei des Klombumbus of de Schbitze setzte: Wißde was? Mä lossen uns derheime Geld for d's Hooreschnieden gewen un dann lossen mä uns vom Heia immesonst scheeren! Of die Art giwwet's Geld for de Bistolen.

Erscht machten mä große Augen, dann lange Beine. Nix wie heim. – – –

„Mudder, mich uzen se alszu wegen minnen langen Hooren, ich wäll se mä schnieden lossen. Bidde, geb mä zwanzig Pfennige."

„Ach, was bruchesте Dich uzen ze lossen, Du Dummkobb."

„Ach, liewe Mudder, geb mä doch die zwanzig Pennige, eimo missén de Hoore doch geschnidden weren."

Dann nahm se minnen Kobb zwischen de Hänne, gab mä'n Kuß un zwanzig Pennige.

„Awer nur nit so korz schnieden lossen, das beschdellste extra, heerste?!"

„Jo" – ich war schont halb widder of der Gasse.

Zwei waren schont unnen, von dennen jeder sinne zwei Silwergroschen hadde. Bis de Nase kam, homme ерscht noch 'ne halwe Schdunne wahrten missen. Bim langen Karle un bim roten Schänkel, die ohne Droht verkrischen runner kamen, mußten de Nase un der schähle Adam nochemo midde 'nof, imme ähr Geld ze zeigen, domidde de Frauen au glauweten, daß der Lehrer gesahd hadde, es sollte keiner widder mit so langen Hooren in de Schule kommen...

Dann awer ging's mit Hurro iwwer de Fullebricke bi de Beckern.

„Sechs Bistolen mit Zindblädderchen!" – eine Schachdel gab's nämlich immesonst derzu.

Vor der Dhäre wurde geladen un dann ging de Schießerei los – helle wecken mit Franchen. Wie mä widder of den Holzblatz kamen, do war minne Bistole schont kabudd un der schähle Adam hadde schont sinne ganzen Zindblädderchen verblaxt. Der Katzenjammer schdellte sich firchterlich schnell in. – – –

Do sah'n mä grade den Schlundermutz in de Schinnergasse 'nin schiewen – der ging bi d'n Zuschlag in de Wirtschaft, das wußten mä. Nu schnell nin bi den Heia.

Der Lusejunge klabberte firchderlich mit allerlei Scheeren un behannelte uns ganz von owen runner. Hä ließ uns of Schdiehle setzen, dann nahme 'ne Scheere, schbuckete in de Hänne un fing dann de Nase an ze scheeren. Dem sin Kobb wurde 'ner Kohlriewe immer ähnlicher. Dann kam der lange Karle drahn. Wahrscheinlich hadde der Heia ahngenommen, daß der'n Kobb voll Liese hädde, deshalb schnidde ämme ludder Drebben am Hinnerkobbe, domidde die Dhiererchen leichter rof un runner kleddern konnten.

Nu kam der schähle Adam an de Reihe; der sah in fimf Minuten us, als wanne de Raude hädde. Dann mußte ich of de Schlachtbank.

„Awer nit so korz abschnieden, hot minne Mudder geschbrochen."

„Bruchest kinne Angest ze hon, ich schniede nit so wenig ab" – schnibb schnabb, schnibb schnabb. Ich fiehlte, wie's mä kiehle am Hinnerkobbe weeren dhat. Schnibb schnabb – schnibb schnabb.

Nu kam der Heia vorne hänne, un do konnte ich im Schbiegel sehn, wie mich der Lusejunge zerechte machte. Ich krichte'n Kobb, der hadde wenigstens acht Ecken. Wie ich dann anfing ze treten un ze schimben, do schbroch der Heia:

„Jo, wann ich erschtemo hunnert Jungen de Hoore geschnidden hon, dann klabbet's besser. Du bäst awer erscht der vierte, dem ich se schniede. Ich sall's doch erscht lernen, deshalb kostet's doch au nix."

Wie ich dann offschdand, do war's mä, als wann ich gar nit mehr ich selwer wär. Un de Bistole war au schont kabudd!

Inzwischen hadde der Heia dem scheiwen Chrischtoff sinnen Kobb zerechte gemacht wie 'ne Wurzelbirschte. Zehn Minuten schbäter sah der rote Schänkel us, als wann us'm Zuchthuse wecken gelaufen weer.

Wie ich derheime ofgenommen bän, das geht keinen was ahn. 's hodd vähle Dage gegewen, an denen minne Mudder freindlicher zu mä war. Awer wie mich der Heia – jetz äsſe usſerhalb 'n gemachter Mann – neilich widder drahn erinnert hodd, wie hä an unsen Käbben d's Hooreschnieden gelernt hodd, do hon ich Drähnen gelacht. Un ich muß immer noch lachen, wann ich mä de Wurzelbirschte vormale, die der Heia us dem scheiwen Chrischtoff sinnem Kobbe gemacht hadde.

Kasseler Usschdellungen

I.

Ich hadde domols Schdulbenschdiwwelen ahne un'n Sammetanzoch mit'm Girtel drimme. Of dem Bilde, das ich jetz noch hon, äs ze sehn, daß ich den Scheidel of de linke Siede gekämmet un den linken Dummen in den Girtel geschdecket hadde. Ich sah of dem Bilde so samftmiedig us, als wann ich nie 'ne Fensterschiewe ingeschmissen oder den Schmand von der Mälch geschnucket hädde. Ich bän of dem Bilde sozesahn der reine Musterknabe. Awer's kimmet immer annerschter. Domols – das war im Johre 1870, 's äs also schont lange her.

Do war Usschdellunge in der Au un ich hadde'ne Sehnsucht no den Herrlichkeiten, die hinner der Dählenwand verborgen sin sollden – das läßt sich gar nit beschriewen.

Umso weniger konnde ich minnen Vadder begriffen; schtadd dasse mit mä 'nin ging, fiehrte hä mich drimme rimme un munkelte was von dem erschten billigen Sonndage, dann dhät der Großvadder au midde gehn. Nu hadde ich minnen Großvadder gewiß gerne, von wegen den Dullerdäbben und Bitschenschnabben, die hä mä schenkete, awer das baßte mä doch nit in den Krohm, daß ich wegen ämme alszu of'n billigen Sonndag wahrten sollde. Endlich kamen se, der Großvadder on der billige Sonndag. Nu awer nix wie 'nin!

Glich am erschten Dische wurde Schdadzjohn gemacht, ich weiß's noch wie heide. Ich ging nit vom Blatze, bis d e r Schbazierschdock minner war, 's war einer von Droht mit 'ner Kuchel drahne, von der us'n rot gefärweter Schdrang mit durchgeflochten war. 's gab au Schdäcker mit blau durchflochtenen Drähten; ich entschied mich awer for rot, zum e r s c h t e n Mo in minnem Leben for r o t.

Nu war ich feine russer; goddverbummig, was kost de Usschdellunge! Un dem Schlabbohre, dem Schäfer's Schänkel, der mit sinnem Onkel sich au in der Usschdellunge breit machte un mä mit so'ner Babierblaxbichse imponieren wollde, deme wollde ich schont bi der erschten Gelegenheit zeigen, daß me mit 'nem Drohtschdocke mehr usrichten kann, als mit so'ner Blaxbichse. So'n Schlabbohre, was sich der Affe inbildete, weile noch'n großen Bruder hadde. Immer konnde der doch nit bi ämme sin. Wahrte nur, wann ich Dich kriche! Dobi ließ ich min Schdäckelchen dorch de Luft piffen un klobbete 'ner porzellanernen Maria Schduart, die so'n Borzellankrämer usgeschdellt hadde, de Nase ab. Nadierlich machde der Schofskobb, der kein Schbaß verschdand, Krach un min Vadder mußde de Maria kaufen. Hä nahm mä dann das Schdäckelchen wecken un meinte, hä wollte's liewer selwer trahn, bis mä widder drussen wären, sonst dhät's ämme zu dhiere wären.

Doderfor durfte ich de Maria Schduart trahn. Se hodd schbäter of'm Eckbredde newen der Betroleumlambe geschdannen. Minne Mudder hadde ähr de Nase widder ahngeklewet, awer do ich, wie ich alleine in der Schdowwe war, zu frieh browiert hadde, ob de Nase schont feste sitzen dhät, hadde ich se'n bißchen verschowwen, un nu sah de Maria Schduart us, wie der Komiker Simmendinger, der domols in Kassel sinne Mätzerchen machde.

Disser Simmendinger – doch das geht verbummig nit, das fiehrt zu widd – Henner schdobb! Also 's waren kaum 'n baar Wochen in's Land gegangen, da gab's Krieg. Min Vadder mußte midde; minne Mudder krisch den ganzen Dag un ich sang immer feste wecken de Wacht am Rhein. Awer noch besser gefiel mä das Lied von wegen: Haut se, daß de Labben fliegen! Ich durfte's awer derheime nit singen, weil's minne Mudder nit hon wollde.

Do schlug's wie'ne Bombe in: Sedan! Der Naboleon äs gefangen un kimmet of Willemshee.

Nu awer nix wie hänne, wanne erscht do äs! Un hä kam au bahle. – – –

Iwwer Kirchditmer ging's nof. Min Großvadder, der Onkel Hennes, minne Mudder, 'n baar ahle Danten – eine hadde ganz scheiwe Beine – un ich.

Bim Meiß wurde ingekehrt. Ich war noch keine fimf Minuhden im Gahrden, do mußde ich mich schont for d's Vadderland schlahn. So'n Lusejunge us der Fullegasse wollde nämlich nit glauwen, daß grade min Vadder den Naboleon gefangen hadde, wie hä im Bösche rimme gekrochen äs. Der Kampf duerte nit lange. In zwei Minuhden war min Schdolz, min Drohtschdäckelchen, bim Deiwel un ich hadde'n großes Loch in der Hose. Of Willemshee mußte ich nochher immer von der Siede no vorwärts schdrewen, domidde der Naboleon nit sehn sollde, wie mä d'r Hemmedzibbel us der Hose gock.

* * *

Alle das fiel mä widder in, nodem ich eines Owends in der neien Kasseler Usschdellunge (1905) am Schwälmerhus gesessen un'n Ardikel iwwer d'n Marokkoschbeckdakel gelesen hadde.

Krieg! Krieg! Die Worde heerte ich nu au newen mä fallen, grade wie ich an min Loch in der Hose dachte.

Richdig, do saßen zwei ahle Schruhwen, die sich iwwer den Krieg unnerhielen. Die eine wirgte'n Wecke nunner, den se als zum Biere 'ninduckete, un de annere hadde d's Word:

„Verloß Dich drof, Elise" – dann juckete se erscht an der großen Warzel, die se of der Nase hadde – „verloß Dich drof, wann in Kassel Usschdellunge äs, dann giwwet's Krieg!"

Ich gewe sonst garnix of ahles Wiewergeschwätze, awer diesmo hadde die ahle Schruhwe recht gehadd –: recht hadde se – der Krieg ging sozesahn of der Schdelle los, nämlich zwischen minner Karline un mä. Ich war nadierlich der iwwerfallene Dheil un hadde also d's Recht of minner Siede.

Also, ich hadde mich mit minner Karline verabredet; imme halb achte sollde ich an der Bude, die wie'ne große Schnabsflasche ussah, in der Usschdellunge sin, do wollde se hänne kommen, weil se keine Zidd hädde, schont den ganzen Nomiddag mit mä rimmerher ze laufen. Nu hadde ich mich imme'n baar Minuhden verschbeetet. Schtadd imme halb achte war ich erscht imme dreiviertel neine an der Flasche gewesen, un weil minne Karline nit do war, ging ich widder an's Schwälmerhus bi d's Kathrinchen. Ich las ämme grade us'nem Usschdellungsbriefe us'm Volksbladde vor, daß se schdielwidrig am Mieder drei Knäbbe zu vähle zugeknäbbet hädde, un wie ich ähr do us Versehn de Schirzenbänner ofgezochen hon, do schlug'en kahler Blitz in minne Ohren: „Henner!"

Das war de Kriegserklärunge, das fiehlt ich, nit von Marokko, awer von den Karolinen, un do fressen se noch

Menschen! D's Kathrinchen drickete sich un ich gock mich noch'm Blitzableider imme – zehndausend Menschen, un keiner, der mä helfen konnde.

„Awer, liewe Frau, wo bliewešte dann so lange," sprach ich. „Ich hon –"

„Halt's Mull. Ich weiß, was de host. De Schmidten hodd dich wohl gesehn –"

„De Schmidten – –?"

„Halt's Mull, sa' ich nochemo! Erscht hoste drinne bi der Wurschtmarie rimme scharwenzelt un dreimo Wurscht nunner gewirgt, domidde daß de dich immer noch an der Bude rimme dricken konntest; dann bäste bi den kohlensauren Jungfrauen gewesen –"

„Karline, keinen Drobben Quatsch hon ich getrunken –"

„Nee, getrunken nit, awer geschwätzt hoste imme so mehr; dann bäste an der Schießbude gewesen – –"

„Karline, bloß weil ich do gelesen hon: On parle français und English spoken, Du kannst doch nu mo nit idaljähnisch un – –"

„Ne, das nit, awer deitsch kann ich, un deitsch weer ich mit Dä reden, wamme erscht derheime sin – –"

„Ist hier Bier gefällig?"

„Ach, do äs je das scheene Freilein. Sahn Se mo, wie kennen Se sich dann von minnem Mann de Schirzenbänner ofziehn lossen? Hon Se nit gesehn, dasse verheiratet äs?"

„Na, so schlecht sieht er doch noch jar nich aus!"

„Siehste, Karline," sahte ich schmunzelnd un zoch de Weste gladd iwwer'n Buch.

„Siehste, Kathrinchen," sahte do minne Ahle und nahm mä den Schdrohhut vom Kobbe.

„Der Mond jeht uff!" lachte do d's Kathrinchen un hibbete wecken iwwer de Schdeine in's Hus.

's kann keiner von mä verlangen, daß ich hoorkleine erzähle, was minne Karline an dem Owend noch alle geschbrochen hodd. Ich wäll nur so vähle sahn: 's schickete, un jedes Word wog'n halwes Pund.

Minne Duerkahrte for de Ausschdellunge hodd se mä verschdeckelt, awer ich finne se widder un dann geht's widder hellewecken an's Schwälmerhus.

II.

... De Kahrte for de Usschdellunge hon ich widder. Bahle dhiets mä leid, daß ich se hon, denn, weiß der Deiwel, was in minne Karline gefahren äs, jetz wäll se jeden Owend in de Usschdellunge, un ich armes Os muß wohl oder iwwel midde. Die schwärmet ofemo for de Musicke un for den Nußlikör, daß mä angest un bange wird. Nu äs des Schlimmste noch lange nit, daß ich nit mehr an's Schwälmerhus därf; nee, ich kriche au de Bohne, den scheiwen Chrischtoff, de Nase un minne anneren Freinde iwwerhaubt nit mehr ze sehn.

Von der vählen Musicke brummet mä den ganzen Dag der Kobb un alszu klingelt's mä in de Ohren. Bahle geht's: „Martha, Martha, Du entschwandest", dann widder „Behiet Dich Gott", zwischendorch hör' ich „Komm doch, komm doch her zu mä" — wann das noch lange duert, dann adje Chaise, dann bän ich reif no Marburg.

Awer vergniegte Schdunnen hon ich doch au schont in der Usschdellunge verlewet. Wann minne Ahle de Ohren offschberrt un begeistert no der Musicke gicket, dann betrachte ich mä minne Nachberschaft. Na un do kamme wirklich sin blaues Wunner erlewen.

Do sitzt newen mä so'n ahler klabberiger Schbießer. Hä hodd 'ne wisse Weste ahne un of dem rechden Zeigefinger do hodde'n dicken Siegelring mit'm großen blauen Schdeine drinne. 's äs einer von denen, die min Freind, de Nase, der nit ganz so gebildet äs, wie ich, 'n Kaffer nennt. Newen ämme sitzt sinne Ahle, 'ne Kratzbirschte allererschter Giede. Se hodd sich ofgebutzt, wie dem Keenig Kalakaua sinne Kammerzofe: griene, blau un gähle; of'm Hut hodd se noch rot. Se wäll de gebildete Frau markieren. Nadierlich hodd der ahle knickerige Siegelringskunne kein Brogramm gekauft, un nu setzte se ährem Manne bi jedem Musickschdicke useanner, w a s angeblich geschbählt wird. Das war zum Hoore usrissen. Das Wiewesmensche hadde keine Ahnunge von Musicke un am Dische kicherte Männchen un Wibbchen. Wie se awer den Radetzkimarsch schbählten un se schbrach dann: das äs us der „Fleddermuß", do konnt ich's nit mehr mit anheeren. Wahrde, denk ich, jetz krichesте awer 'n baar of's Dach.

Ich zubbelte also de Weste zerechte un dann ging's los:

„Heeren Se mo, ich hon Ihre mussekalischen Kenntnisse schont den ganzen Owend bewunnert, awer ewen hon Se sich doch glaub ich geirrt."

„So, war das vülleicht nicht aus der Flöhdermaus?"

„Nee, der Radetzkimarsch, den se ewen geschbählt hon, das äs doch de Uwwerdiere us der Afrikanerin – "

„Ach, sollde ich mich so getäuscht haben?"

Das Frauenzimmer hadde also den ganzen Owend alles, was am Dische saß, mit ährer frechen Schnudde maldrädiert un hadde'ne Ahnunge von Musicke, wie'ne Kuh vom Pannekuchenbacken. Jetz sollde se awer veralwert wären.

„Jo, Se kennen doch gewiß de Afrikanerin von Richard Wagner?"

„Aber gewiß!"

Am Dische hiel sich alles den Buch vor Lachen.

„Ach, das äs'ne reizende Oper. Wann se den Radetzkimarsch geschbählt hon un der Thannheiser kimmet dann of 'em Schwane geridden un singet: Ach wie so kriegerisch sin Weiberherzen! – das äs doch groszardig!"

„Ja, ja, das ist reizend!"

Als wann'ne Bombe geblatzt wär, so hodd disse Usenannersetzunge am Dische gewirket. Mäh gegenriwwer saß 'n Drombehder, der äs vor Lachen bahle vom Schduhle gefallen, un so'n junger Kerle mit'm Schmiß iwwer'n Backen, also wohl'n Doktor oder so'n ähnliches Dhier, der hodd mich vor Vergniegen in de Siede gebaxt, daß ich drei Dage lang 'n blauen Flecken hadde.

Der Siegelringskunne hodd keine Miene verzochen, awer sinne Ahle hadde schlieszlich wohl doch den Brohden gerochen. Nu wurde se fuchdig, und do ging der ganze Firnis runner. Aehre ganze Wut iwete sie nu an ährem siewenjährigen Jungen us. Der gähnte vor Miedigkeit, un do fuhr se'n ahn:

„Wann De de Schnudde ofrissest, dann sadde de Hand dervor hahlen; das foddert der Anschdand."

D's Hosenknobbdheader

Zu manchen Zieden hon se in Kassel for de kinstlerischen Bedirfnisse geradezu iwwermäßig vähle gedohn. So zum Beischbiel mo im Johre neinzehnhunnertunsiewene. Do hon se im Hofdheader geschbählt un im Ressedenzdheater au. Drussen in Wahlersch-Wehlhiden un Kirchditmer hon se'n Zirkus gehadd un of'm Siechenhop au. Usserdeme war gegeniwwer der Schwanenwisse, wo frieher d'r Linsendich war, au noch'n anadomisches Museum ofgebaud, wo me de needigen Schdudien machen konnde, domidd me bim Sulwerknochenschbachteln besser weiß, wo me mit der Gawwel 'nin ze stechen un mit dem Messer hänne ze schnieden hodd, domidd me nit immer nur of Knochen kimmet.

Na, also kurz un guhd, for de kinstlerischen un wissenschaftlichen Bedirfnisse, so sollde me meinen, war vorlaifig genug gedohn. Broste Mohlzidd! Das schicket'n immer noch nit. D'r Kunsthunger äs in Kassel gar nit imme ze bringen. In aller Schdille war nämlich mä gegenriwwer noch'n ganz neies Dheader ofgemacht, in deme nur gute klassische Schdicke in iwwerus realistischer Wiese geschbählt wurden. Se schbählten ohne Suffleer un de Schauschbähler schbählten sich sozesahn selwer, wie de Tegernseer.

Awer wann ich iwwerhaubt von dem neien Kunstdembel was ze heeren un ze sehn gekricht hon, so war das d'r reine Zufall. Also, paßte mo of.

Kimmet do am vierten Feierdage min Freind Willem bi mich un wäll mit aller Gewalt hon, daß ich mit ämme no Sangerschhusen sall. Hä mißte unbedingt hänne un ich mißte midde gehn. Mä dhät der Schbaziergang guhd un ämme wär geholfen, hä bruchte dann den widden Weg nit alleine ze machen. Usserdeme wißte hä ganz genau, daß's guhde Lewwerwurscht un Handkäse gewen dhät.

Ich helfe immer gerne us d'r Verlegenheit, schmiß also de Arweid hänne un sahte: Willem, ich geh midde, du bäst min Freind, un wer sinnen Freind im Schdiche läßt, der äs'n schlechder Kerle. Wahrde nur'n baar Minuhden, ich wäll nur schnell Doaledde machen. Mit der ahlen Hose konnde ich wirklich nit guhd midde gehn.

Doch –

Der langen Rede korzer Sinn:
Ich schmäß de ahle Hose hin,
Nahm us dem Schrank de neie graue
Un schtribb se ahn. Ich fiehlte, schaue:
Weiß Godd, do sin sechs Knäbbe weck,
Verdebbelt jo, äs das'n Dreck.

Ich hink se widder in den Schrank,
De Hose, die so knäbbekrank.
Behende griff ich no'ner annern,
Ich wäll mit minnem Freinde wannern.

De schwarze her! — Un wie im Nu
Bän ich au drin, knäbb vorne zu.
De Träger her! — Bän ich von Sinn?
Wo sin dann nur de Knäbbe hin?
Sechs sollen's sin, zwei sin nur drahn,
Was fang ich armes Luder ahn?
Ei Himmel, Herrgodd Sakkerment!
Frißt de Modde Knäbb' am End'?

Karline kimmt un äs entsetzt,
Daß minne Hose so verletzt.
Se schiddelt ähren Kutzelkobb,
Schdellt of den Disch den Kaffeedobb:
„Henner, glaub's mä, liewer Mann,
Es war'n noch alle Knäbbe dran
Am dridden Ostermorgen!"

Se hibbet an d'n Disch geschwind,
Do, wo sonst hunnert Knäbbe sind.
Se zieht de Lade schnell herus —
Macht'n Gesicht, als lief' ne Luß
Aehr iwwer Herz un Lewwer.

Ich schbier's, mich packet kahles Grausen,
Do missen beese Geister hausen.
Kein einz'ger Knobb im Schubfach mehr,
Karline wird d's Herze schwer.

Das äs'ne rätselhafte Chose,
Bedriebt griff ich zur ahlen Hose.
Doch kaum hon ich se au am Bein —
Verbommig, nä! Kann's meeglich sein???
— Es ziddern Beine mä un Hand —
Von ähr sogar'n Knobb verschwand
In wenigen Minuhden!!! — — —

Mä heerten leise de Dhäre gehn
Un konnden dann noch grade sehn,
Wie um des Huses Eck' verschwand
D'r kleine rohde Frieder.
Dann heerte mä'n vergnieglich krischen:
„Noch einen konnt' ich grad erwischen!
Jetzt geht's von neiem in's Dheader!
Mä hon's, mä konn's, mä hon de Knäbbe!"

Glicklicherwiese war also keine Hexerei im Schbähle, de Knäbbe waren of ganz nadierliche Art verschwunnen. Mä schnabbeten erleichterten Herzens Luft un folgten dann heimlich dem kunstbegeisterten Frieder.

Verbommig, jo! Do schdanne, d'r Musendembel: „feste gemuert in der Aehre", zesammengeklobbet von Ladden un Breddern, un of Breddern, die de Welt bedieten sollden, do klobbeten zwei Jungen sich rimme un krischen sich gegenseidig an: „Lusejunge, schderben mußte, wann de d's Geld nit rusrickest! D's Geld her, oder dinn ählendes Lewen!"

Doderbi wälzten se sich of d'r Aehre rimme un schdreckedten de Beine in de Luft, daß de ganze Zuheererschaft vor Vergniegen sich den Buch gehahlen hodd.

„Was schbählen se dann do?" frogte min Freind Willem.

„Heide äs Schillerfeier, mä schbählen de Reiwer!" krisch uns'n Reiwer zu, der bi Siede geschdannen hadde un jetz sich of de beiden schmiß un nu d's „Geld oder's Lewen" von'n allen beiden hon wollde.

„Was kost dann d'r Intritt?"

„Zwei Hosenknäbbe for Känner, einen Knobb for Soldaten vom Feldwebel runner. Sie därfen immesonst 'nin!"

's war wirklich zum Kuchcheln.

„Na, un dä drei?" so frug minne Karline ähre Schbräßlinge, „dä sidd wohl abonniert hier?"

„Mudder, mä sin alle Dage dreimo im Dheader, dann äs's billiger, dann bruche'me nur fofzehn Knäbbe zu bezahlen, sonst dhäts'er achzehne kosten."

Mondag, Diensdag, Middwoch – dreimo fofzehn Knäbbe, also fimfenvierzig!

„Jo, wo hodde dann de vählen Knäbbe her?"

„Och, die homme gefunnen."

„Gefunnen? Wo dann?"

„Och, in der Schublade – un – un im Knäbbebiedel – un – un –"

„Na, un –"

„Jo, am Vadder sinnen Hosen do homme au'ne ganze Masse gefunnen – –"

„Se vaddern sich", schbroch minne Ahle.

Freikonzert

„Freikonzert!" So äs ze lesen iwwer dem Ingange zum Gahrden. So'n Gahrden, der of der linken Siede von der Fulle un of der linken Siede vom Herkules licht, äs ziemlich voll. 's'äs wirklich warme gewesen den Dag iwwer, un jetz in der zehnten Owendschdunne äs's immer noch wie in'nem Backowwen. Alle hon se Durscht, un se schwabbeln, daß jeder, der of de heilige Limmenahdenkiste schweert, 'ne Gänsehudd krichen kännte.

Der Herr Wirt äs quietschvergniegt. Hä hodd de Kabbe of dem linken Ohre sitzen un hibbet rimmerher, wie'n Schbatze, dem der Ballwier ewen erscht de Hiehneraugen geschnidden hodd. De Augen (nit de Hiehneraugen) hodde – nämlich der Wirt, nit etwa der Ballewier oder der Schbatze – anscheinend immer zu glicher Zidd an allen Dischen. Un wann einer den Schobben usgepiffen hodd, dann duert's keine Minuhde, bisse widder voll äs. Das weer au noch scheener, wann einer bie der Musicke Durscht lieden sollde.

Die Musicke! Of'n baar Bierfässerchen hon se Bredder gelegt. Do hon se Nohdenschdänner un Schdiehle drof geschdellt. Do drof sitzen de Kinstler. Nadierlich of den Schdiehlen, nit etwa of den Nohdenschdännern. – Midden drinne schdeht der Herr Kabellmeister. Der kricht fimfenzwanzig Pennige un zwei Biermarken mehr wie de anneren for den Owend. Hä dhiet'ne Drombehde blosen, wanne nit grade mit beiden Hännen dirregiert. Sin Posten äs nit lichte. Do sinne Kinstler au noch mehr ze dhune hon, als sich der Kunst ze widmen un Musicke ze machen, so kännen se nur wenig oder gar keine Browen abhahlen. Gestern middag zum Beischbiel do wollten se mo'ne halwe Schdunne Browe machen, awer do hadde der erschte Drombehder keine Zidd, weile for sinnen Freind, d's „wackelnde Rohr", noch'n Baar Schdiwweln hadde besohlen un'ne Ohrfiche hadde droffsetzen missen.

Disse Schdiwwelsohlen un de Ohrfiche, oder – noch richtiger – d's „wackelnde Rohr" war also drahne Schuld, wann gestern Owend de „Mähle im Schwarzwald" nit recht klabben wollde. 's war schont mehr'en „Gegauze im Schwarzwalde". Der Kabellmeister hodd mä wirklich leid gedhon. Hä hodd sich firchterlich abquälen missen.

For gewehnlich hodde in der rechten Hosenkibbe'n Hassel-schdeckelchen schdecken, dodermidde dhiete dirregieren, wann's Nicken mit dem Kobbe (währenddeme hä de Drombehde blosen dhiet) nit schicket.

Gesternd Owend hodd ämme der Haselschdock au nit geholfen. Eimo ware ganz verzweifelt. Do war's awer au firchterlich. Do heerte sich's an, als wann Reiwer den Miller im Schwarzwalde, der in sinner Mähle (hinner der Husdhäre!) blies, abmurksen wollden, grade wie hä de scheensten Dehne rusdricken wollde. Der Pikkolo hodd mä noher im Vertrauen erzählt, daß dem Wirt sinne Dienstmäderchen dem „Solisten", weil se'n nit lieden konnden, 'en Wurschtezibbel in de Drombehde geschdobbet hädden. Jedenfalls war's'n Bludwurschtzibbel gewesen, denn's hodd sich wirklich firchterlich bludrinstig angeheert.

Awer von der Not des Kabellmeisters wollde ich eigendlich erzählen. Grade wie die firchderlichen Dehne us der Schwarzwälder Mähle (hinner der Husdhäre) ruskamen, do rächte sich's au, daß der Schuster de Browe nit middegemacht hadde. Schtadd Piano dhat de Blechdrombehde Forte blosen, schtadd sich Zidd ze nehmen, wie's de anneren in der Browe ingeiewet hadden, bliese in sinnen blechernen Schdiwwelschaft 'nin, als wann sinne Schwiegermudder drinne sitzen dhät, die hä so schnell als meeglich rusblosen wollde. Do riß dem Kabellmeister awer doch de Geduld.

Hä haute mit dem Hasselschdeckelchen den Dakt so energisch, daß deme, der de Fleete blosen dhat, d's Nohdenbladd vom Schdänner runner fiel, so daß hä ofheerte mit sinner Kunst un doderdurch de Harmonie noch mehr in de Briche ging. Awer do zeigte der Herr Kabellmeister sich ganz of der Heehe. Mit der linken Hand dhate nu sinne Drombehde, mit der rechten Hand dhate d's Hasselschdeckelchen schwingen un dann krisch hä dem Schuster zu, daß me's dorch den ganzen Gahrden heeren konnde: „Blosenkobb, blos doch langsamer!"

D i e Musterleistunge äs dann mit schdirmischem Beifall belohnt worren, so daß de Kabelle Blosenkobb noch eins hodd zugewen missen. 's äs was scheenes imme so'n Freikonzert. Do giwwet's was for de Ohren, was gegen den Durscht und was for d's Zwerchfell. Ich hon in vier Gährden glich of den ganzen Sommer abonniert.

D'r scheiwe Chrischtoff im Mannehwer

Wer die kriegerische Schnudde minnes Freindes Chrischtoff kennt, wer do weiß, daß hä'n Kawalleriesäwel iwwer sin Bedde genagelt hodd, der muß'n for'n firchderlichen Kriegsmann hahlen. Un wann dann zufällig einer hinner den Ladendisch gicket un sieht au noch den wehmiehdigen Zug, den hä in den Beinen hodd – 's äs'n O züm Usenannerklabbben –, dann kann gar kein Zweifel mehr beschdehn: der Kerle hodd bi der Kawallerie gedient.

Un doch äs's nit wohr, der Chrischtoff äs domols wegen allgemeiner Unansehnlichkeit freigekommen, weil annernfalls de ganze deitsche Armee verhunzt wären dhät. Das hodde zwar nie wohr hon wonn: hä hodd immer gesaht, se hädden'n freigelossen, weile so'ne drockene Lewwer hädde.

Das äs awer schliesslich Newensache, die Haubtsache äs, daß der Chrischtoff sin ganzes Lewen lang for milledärische Dinge 'n ganz unglaubliches Indresse an den Dag gelegt hodd. Nadierlich hodde sich nit etwa imme Kleinigkeiten bekimmert, nä, nur große schdradegische Frogen hon's ämme angedhon.

Un do driwwer ging's au neilich widder los. De ganze Anlage vom Mannehwer dhät verkehrt sin, un ob hä de blaue oder de rote Armee ze kommandieren hädde, sinne Gegner dhäten firchderliche Hiewe krichen.

Zwar fiel ämme der samfte Karle, der nie grob wird, in's Word un kindigte ämme ahn, daß sinne Rewolwerschnudde exdrah dod geschlahn weeren mißte, wanne mo in's Gras bissen dhät, awer das machde Chrischtoff nit irre.

„Was verschdehst Du dann vom Kriegfiehren?"

Das schbroche so von owen runner, daß's doch Indruck of mich machde. Ich schlug ämme vor, daß hä dochemo als Mannehwerberichterschdadder for d's Volksbladd wecken gehn un dann sachverstännige Briefe schriewen sollde.

'ne Vereinbarunge kam richdig zu Schdanne un der Chrischtoff äs dann au losgezochen. Us sinner Berichterschdaddunge äs awer leider nix geworren, weile Bech gehadd hodd unnerwegs. Nu lichte im Bedde un machd kahle Umschläge; mich hodde in's Vertrauen gezochen un mä hoorkleine erzählt, wie's ämme gegangen äs.

Wie ich von ämme wecken ging, do hodde mä de Hand gedricket un gesaht:

„Henner, Du weißt, Diskrezzjohn äs Ehrensache!"

„Kannst ganz beruhigt sin, Scheiwer, selbstverschdändlich. Diskrezzjohn äs Newensache!" – – –

Un nu wäll ich erzählen, was mä der scheiwe General gebeichded hodd.

* * *

„Also, Henner, ich hon mä nadierlich erscht'n ganz genauen Blan gemachd. Wann de rote Armee zwischen Dülmen und Lünen geschlahn un of d'n Deiteburger Wald hänne gedricket äs, so kalkelierde ich, dann gehste liewer hinner de blaue Armee, die hodd gesiegt, un do giwwet's dann erscht was guhdes ze acheln. Usserdeme sin de Blauen au de Westfalen, die hon so wie so Schinken im Dornister, awer de Roten, de Hannoveraner, kennen unmeeglich liddge Lagen im Brodbiedel middenehmen.

Also hinner den Westfalen her. Do diehste mo zuerscht no Warburg fahren, sahte ich mä, und mit dissem sorgfäldig usgearweiteten Blane ging ich in's Volksbladd, imme 'n Reisevorschuß ze holen. Gekricht hon ich keinen, so was dhät's brinzipjell nit gewen. Do hon se sogar Brinzipjen in Geldsachen.

Schdolz, wie'n Schbanier, bän ich 'nus: 's geht au ohne Schuß, hon ich gesaht. Dann bän ich heim, imme ze packen. 's ging alles in 'ne große Babbschachdel nin: Drei Baar Schdrimbe, sechs Daschendiecher, sechs Kragen, Hemmeder, minnem Jungen sin Schuladlas, domidde ich de Wege alle finnen dhät, zwei Borzjohnen Sulwerknochen, 8 Handkäse, 'ne Reserwedohse voll Schnubbdewack un'n halwen Schobben Reinen mit Wacholler.

Do der Zug imme 5.35 morgens abgeht, so sahde ich minner Soffie, se sollde recht frieh in's Bedde gehn, domidd se mich imme halb fimfe wecken kennte, ich selwer mißte erscht nochemo wecken, domidd ich'n Fernrohr borgen kännte oder wenigstens 'n Obernguсker, sonst dhäten se mich im Mannehwer doch nit for voll ahngucken. Ich nahm mä awer heimlich vor, daß ich, wann ich heimkommen dhät, vorsichtshalwer vier mo feste un eimo leise unnen an de Beddschbanne treten wollde, domidd ich selwer imme halb

4*

fimfe ofwachen dhät. Das Treten hon ich dann awer vergessen, wie ich imme halb zwei heimkam. Imme halb fimfe hodd mich d's Soffie nit munter gekricht.

Als ich imme halb achde dann ofwachde, do war's mä, als wann ich de ganze Nacht schont Kanonenschisse geheert hädde, so hodd mä der Kobb gebrummet. Awer's war von was annerem; wann ich Bier drinke, dann därf ich keine fimf Sorden nit drinken.

Ich schdiwwelte also no der Bahne; imme 8.45 sollde der zweite Zug gehn. Weil ich schont zehn Minuhden vorher do war, schdärkete ich mich nadierlich erschtemo im Wahrdesaale. Un was meinste, do treff ich de Bohne, disse Klammerakazje. Wie der sah, daß ich wecken mußde un keine Zidd nit hadde, do hodde mä'n Glas Bier angebodden. Wahrte, dachte ich, dich sall doch der Affe lausen, die fofzehn Heller sadde doch los weeren. Ich nahm also ahn, baafte das Debbchen nunner un wollde dann 'nus rennen. Do kimmet awer der Kellner hinner mä hergelaufen un schbricht, daß der annere sich gedricket, awer bloß ein Bier berabbet hädde.

So'n schäwiger Kerle, so'n Schawehals. Ich packe also in's Futschemanneeh un hon nadierlich kein einzelnes Geld. Bis der Kellner zwanzig Heller gewechselt hadde, du fuhr gerade min Mannehwerzug no Westfalen ab! –

Ich dreestete mich so gut wie meeglich, weil imme 10.44 schont widder'n Zug mit vierter Giede wecken ging. Awer nu wollde ich wenigstens mo orrendlich friehschdicken. Ich nahm also minne Mannehwerkiste unner d'n Arm un schob widder los. Na, Henner, Du weißt jo, wie's geht, ich hon mich dann 'n bißchen verschbädet, weil gerade frisch angeschdecket wurde, un wie mich dann zwei Freinde, der schähle Emil un der blaube Kasber, of de Bahne gebracht hon, do war's zwei Uhre. Imme 2.10 fuhr min' Mannehwer-Bummelzug ab. Ich war'n bißchen miede un legte mich of de Bank zum Schlofen. Wie ich ofwachte, do waren mä in Brilon!

Ich machde Krach un schimbete. Do schbroch der Schaffner, wann ich in Warburg hädde usschdichen wollen, dann hädd ich schont vor 'ner Schdunne ofwachen missen. Nu mißt ich rus und mißte au'n baar Mark nobezahlen. Dodermidde schob hä mich us dem Wagen.

Das war 'ne scheene Bescheerunge. Awer wo war dann minne Mannehwer-Usristunge? Ich gahkede also in den Wagen 'nin: Minne Mannehwerkiste äs noch drinne!

Im selwen Augenblicke floch mä au schont'n Babbendeckel an den Dehts, dann fiel's Baket usenanner un minne scheenen Handkäse kullerten of der Aehre rimme. Ich hadde kaum zwei von den Schusterkarmenahden ofgehowwen, do krichte mich'n Beamter am Schlafiddchen un frogte, wo ich hänne gewolld hädde.

Ich schbroch, daß ich von hinnen an de Westfalen gewolld hädde. Do hodde mit dem Kobbe geschiddelt un hodd mich laufen lossen.

Jo, was awer nu machen? Na, ich wäll nur kurz sahn, daß ich schließlich mit 'nem scheenen Bummelzuge am annern Dage in der Nähe von Frohnhusen bi den Hambenhieser Heehen ahnkam un beinah noch was gesehn hädde. Awer's kam annerschter.

Ich war kaum us der Isenbahne rus un hadde ewen minne Mannehwer-Babbendeckelkiste widder in Ordnunge gebracht, do packete mich so'ne Art von Feldhieter am Arme un frogte, wo ich hänne wollde.

„Sie sin awer neigierig," sahte ich. „Wo ich hänne wäll? Ich wäll von hinnen an de Westfalen, ich bän Kriegsberichterschdadder!"

Do schbricht der Kerle: „Sie sähn mä grade us wie'n Berichterschdadder. Sie kommen mä verdächtig vor, zeigen Se mo, was Se in der Kiste hon!"

Dodermidde hadde das freche Dos au schont minne Reiseschachdel wecken gerissen un den Deckel dervonne gemachd. Wie awer der Klowes 'n Hemmed 'rus zoch un doderbi den Rest von den Sulwerknochen un au de Flasche mit'n Wachholler of de Aehre fiel, do packete mich de Wut.

„Sie verdammter Saubuhre," krisch ich un schmiß ämme eine von den Schusterkarmenahden of de Schnudde. Awer do machde der Kerle 'n Mordsschbektakel, un ufemo waren so'ne Schdicker sechs Athleten do, die mich gepacket hadden. Na, do ging's awer heiß her, die hon ich vermewelt, daß mä jetz noch alle Knochen weh dhun. Eimo lag ich unnen un dann lagen de annern widder owen. Ungefähr zehn Minuhden schbäter hon se mich in's Schbritzenhus ingeschberrt ...

Nu awer kam eigentlich erscht d's Schlimmste. 's ging erscht'n firchderliches Gekrische drussen los, dann gab's Drombehdengeblose, dann Schießerei und Hurrogerufe, Kanonen dhat ich schießen heeren, min Schbritzenhus war der Middelpunkt von der Schlachd un ich konnde nix sehn! Schdunnenlang heerte ich de Schießerei un's Kommandieren, un ich merkete glich, daß se falsch kommandieren dhaten; wann se 's so machen wollden, dann mußten se verlieren, das konnde ich doch fermlich fiehlen, wann ich au nit sehn konnde, wie un wo de Drubben schdannen.

Wie's mä dann gar so dumm wären dhat, do rief ich'n baar Offizieren, die am Schbritzenhuse schdehn mußten, weil ich jedes Wort von'n heeren konnde, 'nus: „De Blosenkäbbe mißt mehr Hulanen of de feindliche Adollerie schmissen, dann rißt se us!"

Nadierlich hon se us Iwwermut minnen guten Rot nit beachtet un richdig hon dann au ähre Feinde verloren.

Am annern Morgen, wie se mich widder us dem Schritzenhuse 'rus gelossen hon, do war d's Mannehwer verbi. Un dann hon se gesaht, daß sich d's annere vor dem Landgericht finnen dhät. Se hädden mich angezeigt wegen Widerschdand gegen de Schdaatsgewalt un wegen Sachbeschädigunge. 'n Feldhieter un Schdaatsgewalt –; 'n baar Fensterschiewen, die ich im Schbritzenhuse verbogen hon, Sachbeschädigunge! 's äs zum Lachen!

„Awer, Henner," so schloß der scheiwe Chrischtoff sinne Beichte, „Du wirst doch insehn, liewer Henner, daß ich nit drahne schuld bän, wann ich keinen Bericht iwwer d's Mannehwer nit liwwern kann, 's kann kein Mensch gegen de heehere Gewalt nit ankämpfen. Awer, imme Goddes Willen, liewer Henner, Diskrezjohn . . ."

„Kannst Dich drof verlossen, Scheiwer, ich schbreche kein Word, ich schriewe's of."

Im Rotskeller

Wann de ahlen Ladeiner ähre Schobben schdechen dhaten, dann sangen se no dem fimften Glase das scheene Lied vom soliden Nagelschmied. Do heerte jeder Vers of mit der Zeile: in vino veritas. Mä hodd'n guter Freind un Bahrdenwetzer, der bi der ladeinischen Gesandtschaft in Melsungen als Iwwersetzer ahngeschdellt war, verroten, daß das heißen dhät: Wann einer einen iwwer den Dorscht gepiffen hädde, dann dhäte de Wohrheit schbrechen. So lange wie ich das weiß, wunnere ich mich au nit mehr iwwer den scheiwen Chrischtoff. Der äs nämlich schont drei Dage lang Abstinente, weil ämme der Doktor verbodden hodd, Alkohol ze leeten. Nu liegt der Gewidderhund, daß sich de Balken biegen.

Gestern Owend kam ich grade derzu, wie hä 'nem Fremden, der'n no dem neien Rothuse gefrogt hadde, sahte, das dhät „hinner dem Judenbrunnen" schdehn. Ich denke, mich laust der Affe, awer wie ich dann schbroch, daß des Rothus erschtens in der Keenigsschtroße schdehn dhät un daß zweitens der Judenbrunnen schon längest abgerissen weer, do hodde'n Gesichte gemacht, wie die Siechenheewer Armenbichse. Dann gocke mich mitleidig von der Siede ahn un meinte: me merket glich, daß de in der Mählengasse derheime bäst un keine Ahnunge dervonne host, daß der Jiddenbrunnen widder ofgebaut äs. Ich sollde ma hänne gehn un genau gucken, nadierlich nit vor neine. So'n scheiwes Gewächse!

Ich hon awer dochemo gegocken, un nu wäll ich mich nit mehr mit ämme rimme balgen, weile mich sonst mit der Nase of den Aschrott-Brunnen schdubbst.

Wie ich nu mo do owen am Rothuse war, bän ich au 'nin gegangen. Ich wollde mä d's ganze Hus ahngucken. Leider bän ich nit widd gekommen, weil ich im Keller ahngefangen hon ze gucken. Nit etwa im Kohlenkeller, nä, im Rotskeller, wo's was ze lecken giwwet. Ich hon erscht'n baar Gläser gepiffen for fimfenzwanzig Heller. Wie ich do mo no der Wanduhre gucken wollde, ob ich au noch Durscht hädde, do fiel min Blick of'n baar schdeinerne Känner in der Wand. Disse Känner hon Beine un Fieße, als wann se glich wit Reismichdismus oder Gicht of de Welt gekommen weeren. Die schdeinernen Känner im Rothuskeller scheinen us derselben Familje ze schdammen, wie die Känner am neien Dheader, die hon au de Augen so widd usenanner, daß se glich links un rechts imme de Ecke gucken kennen, wann se Löcher in de Ohrwatscheln gebohrt krichen.

Wie ich so no den schdeinernen Schwinnerchen – ich wollde sahn: no den schdeinernen Kinnerchen – gock, do fiel mä erscht of, daß des eine Känd am Zebbelinchen hängen dhat. Do schbroch ich so for mich hänne: na jo, daß baßt ganz gut hier 'nin: zum Zibbel, zum Zabbel, zum Zebbelin – – –

„Was wonn Se? Noch'n Zeltinger?" frogt mich do der Kellner.

„Wie kommen Se mä denn vor," schbroch ich. „Ich hon vom Zebbelin geschbrochen! Ich hon doch noch'n halwes Glas voll – –"

„Nehmen Se's nur nit iwwel," sproche do un wollde sich dricken.

Do hon ich ganz genau gesehn, wie das schdeinerne Känd, was am Zebbelinchen hängen dhiet, 'n Auge zugeknibbed un firchderlich gelacht hodd, als wann's mä ze verschdehn gewen wollde, daß ich unbedingt nochemo einen piffen mißte.

So was loß ich mä nit zweimo sahn. Ich trank us un beschdellte mä nu 'ne ganze Flasche, weil ich nit hon wollde, daß der Kellner so vähle mo laufen sollde. So'n armer Kerle kricht je sonst Bladdfieße, un dann baßde us ästhedischen Grinden nit mehr in de Nähe von dem Zentaure. Gewidder jo, wann ich an d a s Dos denke, dann wird's mä allemo sure im Mull.

Do schdellte mä der Kellner de Bulle hänne. Ich frogt'n, ob hä die Sorte kennen dhät.

„Jo, die äs gut, die schmecket fleischig."

„Wie schmecketse, fleischig? Do äs woll Gehacktes drinne?"

„Det is'n Weincharakteristikum," bemerkte do so'n Berliner Reisender, der sich newen mich gesetzt hadde un mich ahngock, als wanne sahn wollde: Du host nadierlich keine Ahnunge nit vom Winn.

Ich nahm de Hänne us der Hosenkibbe un schbroch:

„Ich danke au for de Belehrunge. Giwwet's dann noch mehr so Charakteristikimmer?"

Do gab hä mä 'ne Winnbreisliste, wo mehr wie hunnert Sorten drof schdannen. Hinner jeder Sorte schdand was anneres bemerket: „leicht", „hübsch", „elegant", „zart", „viel Bouquet", „mild", „saftig", „geschmeidig", „viel Saft", „süß", „fruchtig", „krautig", „kernig", „edel", „herb", „sec" usw. usw.

Mä kamen nu in's Gerede un in's Bechern, un ich sah schont ganz deitlich, wie de schdeinernen Känner an der Wand am Zebbelinchen hin und her bammelten.

Wie ich den Berliner dodrof ofmerksam machen dhat, do meinte hä: das wer'n Zeichen, daß's drussen sehr windig sin mißde.

„So, meinen Se, dann äs's besser, wamme hier bliewen, sonst dhiet einem ofemo noch 'ne Dachziegel of'n Kobb fallen." –

Dodermidde war hä inverschdannen, mä honner noch'n baar gepiffen un dann homme Briederschaft gemacht. Egon dhat der Blosenkobb heißen.

Je mehr mä zu uns nehmen dhaten, imme so offenherziger ging's her. Schließlich sahte ich zu ämme: Egonchen, wann De nu noch einen einzigen bechern dhiest, dann kannste iwwerhaubt nit mehr schwindeln. Do hodde awer ofgemucket un hodd gesaht: Verjiß man nich, det ick'n Berliner bin!"

's muß noch ganz scheene gewesen sin an dem Owend, ich fand nämlich am anneren Morgen in minner Westenkibbe 'ne Schbeisekahrte us dem Rotskeller, do hodd ich hinnen drof geschriwwen:

Rotskeller-Winn.

„Rassig", „fleischig", „herb" un „zart",
„Schöne Blume", „glatte" Art.
„Vornehm", „alt" un mit „viel Saft",
Giwwete noch den Doden Kraft.
„Edelstes Gewächse", „alt",
Schmecket „saftig", wann „hübsch" kalt,
„Zart un fein", „lebhaft", „spritzig",
Macht selbst Blosenkäbbe witzig.
„Gehaltvoll", „mollig", „viel Buket",
Schmecket tags un nachts sehr nett.

„Fein" un „dünn" un „elegant"
Wird mancherlei Crescenz genannt.
„Fruchtig", „fest" un au „sehr schön"
Kann me den Winn hier perlen sehn.
„Viel Feinheit", o die „schöne Blume",
Gefällt sogar der Zwehr'ner Muhme.
„Kernig", „krautig", „mild" un „süß",
Mä suffen'en, bis uns wird mieß.
„Leicht" un „fruchtig", „fleischig", „herb",
Piff ich den Winn, bis daß ich schterb.
Ich lieb' ihn „kernig", „edel", „sec",
Gebt mä den Winn un Dem den Dreck. –

Dann kamen'en baar usgeschdrichene Zeilen. Wahrscheinlich hodd der Berliner do minnen Pekasus schei gemacht un dodermidde minner Dichtkunst gewaltsam 'n Enne bereitet.

Schuld an dem ganzen Ladein äs der scheiwe Chrischtoff mit sinnen Liegen, daß des Rothus hinner dem Judenbrunnen schdehn dhät. Iwwrigens äs de Moral von der Geschichde die: wann me in'nem Huse fechten oder was begucken wäll, dann muß me immer owen ahnfangen. Un wann einer im Rotskeller sich feste gesetzt hodd, dann därfe nit vergessen, die schdeinernen Känner in der roten Sandschdeinwand zu beowachten. Die fangen immer zur richdigen Zidd an ze danzen un ze wackeln. Wamme das sieht, dann äs's Zidd zum Heimgehen.

Die schonende Meldung

Es krichte unse Feierwehr
'ne neie Autoschbritze.
Se war an sechzig Zentner schwer –
So schätz' ich no 'ner Schkizze.
Se fuhr of ährer Browefahrt
Flott durch de engsten Gassen.
De Fahrer priesen froh de Art,
Wie se sich hot lenken lassen.
Es fuhr no rechts, es fuhr no links
Of Wunsch des neie Auto-Dings.
Do kam's den Fahrern in den Sinn:
Mä fahren mo no Mullang hin.
Das baßt dem Automobbel nit,
Es fauchte, kroch nur Schritt for Schritt

Zunächst den schdeilen Weg hinan.
Doch dann, als wie de Isenbahn,
Fings blätzlich doll ze rasen ahn . . .

Dann gabs'n Krach — es schbrang das Aas
Mitsamt den Fahrern in das Gras!!

De Fahrer im Grawen der Schosseeh —
Wie sah'n se us! O weh, o weh!
Dem Einen ward 'n Bein zerdrickt,
Dem Anneren 'ne Hand geknickt.

Es sammelt sich 'ne Menge an
Von Menschen, die nix helfen kann.
— — — — — — — — — —
— — — In Augenblicken der Gefahr
Gedenkt der Mann zunächst der Frau.
Wie schonend der ze melden war
Des Fahrtenenne, das so mau?

Do meldet sich 'n heller Junge,
Dreikäsehoch, Kasseler Blut.
Hä hodd 'ne bidderbeese Zunge
Un kennt den Mann im Grawen gut.
„Ich laufe schnell zu Ihrer Ahlen,
Wann Se mä nur'n Groschen zahlen."

„„Komm her, min Sohn, un schbring geschwind!
„„Renne schneller, wie der Wind!
„„Un melde minner liewen Frau —
„„— (Was schmerzt de Pohde! Gewidder, au!) —
„„Es weer mä'n klein Mallehr bassiert,
„„Doch hädd's nix zu bedieten.
„„De Meldung hädd' mä nur bressiert,
„„Daß nit von anneren Lieten
„„Durch iwwerdriewene Schwätzerei
„„Min Frauchen gar geängstigt sei! — —
„„Dann drehste schicklich dinne Mitze
„„Un schbrichst im Weckgehn newenher:
„„Es war'ne Dienstfahrt mit 'ner Schbritze,
„„Der Unfall äs au gar nit schwer.""

Es schdehnt vor Schmerz der Handverletzte,
Der Junge aber kiehnlich setzte

Nu iwwer Schdock un Schdein dohin.
Hä wollde schnell zur Schdelle sin.

— — — — — — — — — — —

Hä äs zur Schdelle un klobbt an —! —! —!

— — — — — — — — — — —

„'n scheenen Gruß von Ihrem Mann,
„Un's dhät au gar nit weh — — —"

„„Schbrich schnell, mein Kind,
„„Wo ist mein Mann?""

„Hä äs noch of d'r Schosseeh."

„„Spann mich auf die Folter nicht —
„„Ich bitte, Junge, schnell doch! Sprich!""

„Wirklich, 's äs kein groß Mallehr,
„Hä kimmt wahrscheinlich glich hierher.
„Soldaten und de Bollezei
„Waren schont derbei."

„„Junge, rede, so rede doch schnell!
„„Was ist passiert? Sprich's auf der Stell'!
„„Kannst Du die Zunge nicht schneller regen?""

„Mit 'ner Dienstschbritze* hodde im
Grawen gelegen! — —"

„„Du frecher Patron! Hinaus, hinaus!
„„Betret' mir nimmermehr das Haus!""

D'r Schdroßenbahnschaffner

Am Mondag hon ich widder allerlei erlewet. Schdellt Och vor: newen mä dauchtʼn junger Kerle of mit blanken Knäbben un flott ofgewichstem Schnurrbarte. Of emo, do verziehde de Schnudde, grießt freindlich un hodd — weiß d's Gewidder, wie's zuging — 'n Wiewesmensche im Arme. Mit affenartiger Geschwindigkeit war's vor sich gegangen. Ich

* Bevor im November 1918 die Gesindeordnung abgeschafft worden war, nannte man in Kassel sehr unsozial die Dienstmädchen spöttisch „Dienstspritzen".

hadde mich noch nit recht von minnem Erschdaunen erholt, do klobbet hä mä of den Arm un schbricht:

„Seh'n Se, so bän ich. Hinner mä laufen de scheensten Wieweslïete her, ich — — —"

„Hinner mä laufen se nit her," sa'te ich mit 'nem diefen Seifzer.

„Jo, seh'n Se" — doderbi nahm hä de Mitze in die linke Hand un fuhr mit der rechten durch sinnen Hoorurwald —, „Jo, seh'n Se, hinner mä sin se wie verrickt her. Awer ich falle erscht nit drof nin, bis daß se direkt winken — —"

„Bis se winken?"

„Jo, dann bän ich nadierlich geliwwert, dann nehme ich se liewevoll of, nehme'n 's Geld ab un losse se sitzen!"

„So'n Scheisal," weren de Leserinnen sa'n. Un „so'n miseraweles Dos," weren se noch empört d'rhinnerherschbrechen. Un doch hon se in jeder Beziehunge Unrecht. Der Blankbeknäbbede mit dem Schnurrbart hannelt nämlich ganz recht, jowohl ganz recht. He hannelt vollkommen pflichtgemäß, wanne de Wiewer sitzen läßt, nodeme hä'n 's Geld abgenommen hodd: 's war nämlich 'n Schaffner of der Elekdrischen.

Der gefiel mä. Ich schbroch zu ämme: „Leider sin's nit ludder junge Wiewer, die Se in de Arme nehmen missen."

„Nä, leider nit. Do drinnen sitzt zum Beischbiel so'n ahler Drache. Das Dos hodd mich glich bim Instichen firchderlich geärgert. Do möchte me manchemo am liebsten dervonnelaufen.

Ich weer gerne drussen bi ämme schdehn gebliwwen, awer ich mußde 'rin, weil mä so'n galanter Knilch bim Offschbringen grade of d's linke Hiehnerauge hibbede. Der Kerle hadde'n baar Fieße so groß wie'n sechspinner Laib Brot. Mä war's grade, als wann mä einer mit'm Fassonghowwel de Pedale bearweitet hädde, un fix schobb ich mich in de Wagendhäre 'nin.

Na, weer ich liewer drussen gebliwwen un hädde mä von dem Knilch noch emo of d's Hiehnerauge treten lossen.

Kaum hadd ich nämlich 'n Tridd in den Wagen nin gedhon, do machde der Wagen 'n Schbrung, wie'n verliewe-ter Zägenbock, un ich fiel mit firchderlicher Wubbdizität 'ner alen Giftschlange of den Schooß. Noch eh daß ich als gebildeter Unnerneischdädter sa'n konnde: „Godd verbommig noch emo!" do hadde se mich schont mit ähren giftgrienen Augen ofgeschbießt und krisch, als wann se am Messer schdecken dhät: „Sie Dabbich, ach min neies Kleid! Min neies Kleid äs futsch!"

„Hodd das so wenig vertra'n kennen?" frogte ich heeflich.

„Was, vertra'n kennen? Ich tra' keine Kleider von englisch Ledder. 's äs futsch, 's äs ganz verkrumbelt. So 'ne Dabbichkeit!"

„Na, dann zieh'n Se's us," schbroch ich, „ich losse's Ihnen widder ofbichcheln."

„Ich bruche mä von Ihnen nix ofbichcheln ze lossen."

Do schdieß mich, während sich alle Passagiere ersichtlich freiten, 'n Bekannter, den ich bis dohänne gar nit bemerket hadde, an un flisterte mä in's Ohre, daß die Ahle schont krakele, so lange wie se im Wagen sitzen dhät. Glich bim Instichen hädde se Krach mit dem Schaffner gemachd. Eine Frau un zwei Männer, die sie angeekelt hädde, weeren schont 'nusgegangen.

Das äs se, sate ich mä, kein Zweifel, das äs der Drachen, von deme mä der Schaffner schont erzählt hodd.

Nu gock ich mä die ahle Schruwe, die ohne Unnerbrechunge schimbete un knurrte, erscht näher an. Un do krichte ich doch'n Schrecken. Daß ich mich mit ähr iwwerhaubt ingelossen hadde, das war direkt mit dem Feier geschbält. Schlimmer konnde dem Deiwel sinne Großmudder au nit usseh n.

De Augen waren griene, usserdeme gock se mit dem linken immer of den verkrumbelten Schooß, mit dem rechten of den linken Busen, wo se'ne goldene Uhre hänne gehenket hadde. Von der Schdirne war nit väle ze sehn, 's schien mä awer, als wann unner dem Hude falsche Hoore rusgegocken hädden. De Nase sah us, wie 'ne Zwiwwel. Die Zähne waren blendendwiß, se paßten in d a s Gesichde, wie de Fuste of's Auge; se waren nadierlich falsch. Schlecht rasiert war se au. De Bartschdoppeln waren of der Owerlibbe mindestens drei, am Kinn wenigstens fimf Millimeder lang. De Warze am linken Backen sah us, wie dem Bismarck sin Kobb von owen gesehn: glatt mit drei Hooren droffe — —

So war ich grade derbi, mä ähre Bild recht scharf inzebrägen, do rief der Schaffner: Germania. Als wann se von 'ner Tarantel geschdochen weer, so fuhr se do of: „Was,

Germania? Worimme hon Se dann nit vorher de Querallee usgerufen? Do wolld ich doch usstichen!"

„Ich hon de Querallee au usgerufen. Das hon Se nit geheert, weil Se alszu geschimbet hon."

„Was hon ich? Geschimbet hädde ich? Sie frecher Kerle! Ich bän 'ne gebildete Frau, ich schimbe iwwerhaubt nit. Warten Se, ich wäre mich beschweren bi der Direkziohn. So 'ne Gemeinheit!"

„Na, wonn Se rus oder nit?"

„Ach, bliewen Se noch'n bischen hier," bat ich do in minner bekannten Schichdernheit.

Do hodd se mä – von drussen – noch 'n Blick zugeschmissen, der ging durch un durch; daß de Fensterschiewe nit dervonne kapudd gegangen äs, äs mä bis of den heitigen Dag 'n Rätsel gebliwwen.

„So giwwet's ungefähr 'n Dutzend in Kassel," schbroch do der Schaffner. „Mä kennen die Aeser schont. Denen mißde d's Middefahren verbodden weren, die ärgern einem die Schwinsucht an'n Hals – –"

„Sie, do winket Ihnen widder eine! Die kuriert den Aerger widder!"

Hä klingelt, der Wagen hält, un mit Grazie hält hä schmunzelnd 'ner hibschen Dame de Pohden hänne, dann – nimmete ähr d's Geld ab un läßt se au sitzen – – –

Hoffentlich bliewet se nit for immer sitzen, sonst dhät se villichte au so'n ahler ungenießbarer Schruwendamper wären, wie der, den ich vorhin konterfeit hon.

Geistige Arweit

Minne Ahle äs widder mo in ährem Elemende; se krohmt in allen Kisten un Kasten, leßt Schduhlbeine flicken un Schränke ahnschdrichen. 's wird nähmlich widder mo usgezochchen. Das äs allemo 'ne Kirmesse, die me selwer erlewet hon muß, sonst kann me sich doch keine Vorschdellunge dervonne machen.

De ganze Familje wird dann jedesmo ahngeschbannd, un am Owend sieht jeder us, wie'n Schornschdeinfeger. Ich wäre mich awer diesmo no Meeglichkeid dricken. Gestern sollde ich bim Verricken von Dischen helfen, do hon ich gesahd, daß ich kein Dischricken middemachde: ich weer kein Schbiridiste. Das äs mä awer ekelig ahngeschdrichen worren. Heide mach ich den lranken Mann un schbreche, daß ich nix Schweres hewen dirfde, weil ich heiser weer.

Nu war ich awer doch einigermaßen in Verlegenheid, was ich morgen for 'ne Usrede machen sollde. Glicklicherwiese äs mä awer schont was ingefallen. Ich were minner Ahlen sahn, daß ich mich endschlossen hädde, de geisdige Leidunge bi dem Umzochche ze iwwernehmen. Dann wird se mich nadierlich erschd verwunnerd ahngucken, awer ich zweifle nit drahne, daß se schließlich insehn wird, wie needig 'ne verschdännige Ahnordnunge äs. Ich were ähr schbrechen, daß's doch au im Kriege nit bloß drof ahnkimmet, ze schießen un ze hauen, sonnern daß au blanmäßig geschossen weren muß, un do so'n Umzochch au alles of den Kobb schdelld, wie der Krieg, so dhäd au hier alles of de geisdige Owerleidunge ahnkommen.

's äs nit unmeeglich, daß's dann erschd 'ne Kriegserklärunge giwwet, awer dann wer ich bewiesen, daß ich mich beherrschen kann. Of alle Fälle wer ich den Schrinnern un Dabbezierern un Meewelpackern nit ins Handwerk puschen, das lieded min Solledaritätsgefiehl nit.

Villichde klabbed mä au'n Drick widder, den ich schont emo mit großahrdigem Erfolge in Ahnwendunge gebrachd hon. Do sollde ich au midde ahnpacken, wie'n großer Schrank de Drebbe nunner gebrachd weren sollde. Do hon ich's so gemachd: 'ne Drebbe diefer wie ich wohnden zwei Freinde von mä, bie die ging ich hänne un schbroch: Dä sidd doch vernimfdige Kerlen, nu kommed bloß mo rof un gucked och mo den Schrank ahn un dann de Drebbe, iwwer die der nunner gebrachd weren sall. Das äs doch ganz unmeeglich. Do muß doch erschd die Drallje (Treppengeländer) abgemachd weren. Awer das wäll minne Ahle barduh nit insehn.

Die Blosenkäbbe gingen au midde, gocken mich mitleidig ahn un meinden: „Nadierlich geht's!"

„'s geht nit!" schbroch ich.

„Packe mo ahn!" schbroch do der Schorsche for den August. Fimf Minuhden schbeeder hadden se den Schrank unnen. Ich hon'n dann dankbar lächelnd de Hänne gedricked, do hon se dumme Gesichder gemachd, was'n iwwrigens gar nit schwer gefallen äs, und sin ähwer Wege gegangen.

Ich bän feste iwwerzeigd, daß de geisdige Leidunge bi so 'nem Umzochch de Haubtsache äs, un do ich mich for der Haubtarweit gewiß nit dricke, so loß ich de anneren ohne Neid de minder schwere Handarweit machen.

's äs au wirklich was scheenes, so rechd schwere Arweit, namendlich dann, wann se mit Lust un Liewe gemachd wird; do kann me schdunnenlang zugucken, ohne miede ze wären. Un gesund äs so Arweit au noch! Do weren de Muskeln grindlich ahngeschdrenged un de Lungen vollgebumbed — gesund no jeder Richdunge hänne! Do mißde einer'n herzloser Egoiste sin, wanne anneren de Gesundheid nit gännen un'n de Arweit wecken nehmen dhät.

Das sall mä keiner nit nohsahn kännen: Läwen un läwen lossen!

Schorsche der Fusch

Was'n richdiger „Badenser" äs, der geht vor dem Middagessen in de Fulle. Do finnen sich dann au alle Kasseläner zesammen, die for d's Wasser schwärmen, solange wie's nur ussewännig bliewet. Wanne mo einer unglicklicher Wiese 'n Drobben Wasser in de Gurgel krichd, dann därfe allgemeiner Deilnahme sicher sin. Doch ich wäll mich gar nit bi der Vorrede ofhalen.

D's Schbrungbredd ragd ungefähr annerthalwen Meder us der Anschdald rus iwwer de Fulle un bliewed so'n knabben Meder iwwer dem Wasser, wann niemand droffe schdehn oder sitzen diehd. Gewehnlich sitzd oder schdehd awer einer droffe. Dann bewegd sich d's Bredd in sanfden Schwingungen of un ab, wie'n Lieweslied von Heine. Sinne „Samftmud" richded sich no dem Gewichde des Mannes, der of ämme sitzd oder schdehd.

Jetzd seh ich grade einen droffe sitzen: 'n runden un nedden Kerle von ungefähr drei Zendner Läwendgewichd. De Dallje hodd ungefähr zweihunnerdfofzig Zendimeder Umfang. Hä schaukeld mit den Beinen, schmunzeld quietschvergniegd iwwer d's ganze Gesichde un machd Brodkruhmelen von sinnem halwen Seildänzer,* dene bim Kaffeedrinken sich jeden Morgen offschbahrd.

Zwei, drei Kruhmelen hodde schont in's Wasser geworfen. Vier- bis fimfhunnerd kleine, heechsdens 'n halwen Finger lange Fischerchen sin hoste-nit-gesehn am Schbrungbredd versammeld, schnabben no den baar Kruhmelen un wahrden of mehr. Se sin disse Fidderungen schont gewehnd.

Awer der Dicke of dem Schbrungbredd äs noch immer schbarsam mit sinnen Brodkruhmelen. Mit Verwunnerunge seh ich, wie hä im Wasser was ze suchen scheind; 's siehd us, als wanne de Fische alle im Geiste sordieren dhäd.

Nu hibbede ofemo mit dem dicken Hinnerquardier in de Heeh, daß sich glich droff d's Schbrungbredd so dief senkede, daß dem Schlanken sinne Fieße ins Wasser bladschden.

Als wann der Blitz ins Wasser ingeschlahn hädde, so wirkeden die Fieße: no allen Richdungen schdohwen de Fische usenanner. Awer nu fing der Dicke of dem Schbrungbredde ahn feste ze fiddern.

Dann riefe: „Hä war widder do! Ich hon'en gesehn! Glich kimmede widder, baßd of! Schorsche, Schorsche, miseraweles Dos, wo warste dann so lange?"

Hä schmäß Blicke ins Wasser, die bis of den Grund gingen un dann schmässe Kruhmelen derhinner her, die glich weckengeschnabbed waren.

„Wahrded, wann der Schorsche erschd widder do äs, dann wirde och jahn! . . ."

„Do ässe, do ässe! . . . Bademeister, der Schorsche äs widder do!"

De Freidendrähnen kuddelden ämme an den Backen runner un feste fudderde hä drof los. D'r Bademeister kam, gock zum Wasser nin un schbroch dann: „Jo, ich seh'n, hä äs widder do!"

Das heerde sich ahn, als wanne sah'n wollde: Godd sei Dank, nu äs d's Schlimmste iwwerschdannen.

„Hä äs widder do!" Das ging wie'n Lauffeuer durch d's „Badeschiff".** Un alle kamen se, imme ze gucken, imme den Schorsche ze sehn . . .

---

* „Seiltänzer" nannte man in Kassel die Wasserwecken.

** Eine Schwimmanstalt am rechten Fuldaufer.

Wie se so do newenanner schdannen, do kam mä widder mo so rechd klar zum Bewußtsein, wie verschiedenardig der liewe Godd de Menschen geschaffen hodd. Der eine hodd dinne, der annere dicke Beine; der eine hodd grade, der annere hodd scheiwe; der eine äs bladdgefießt, der annere glatzig; der eine hodd'n Hinnerquardier wie'n Hunnerddahlerpährd, dem anneren henked der Buchch bis of de Knie; einer hodd'n Hiehneraуge of dem kleinen Zeh, der annere of dem Hinnerkobbe; der eine hodd'n Busen, wie 'ne Riesendame, der annere hodd'n Brustkasten wie'n Kleiderhoken: an jede Ribbe kann me'n Hud hängen . . .

Alle gucken se in's Wasser, un allen scheint 'ne schwere Sorge vom Halse ze sin; befriedigt un glicklich gucken se in den Haufen von villichde dausend Fischerchen, un alle scheinen ze murmeln: „Jo, jo, hä äs wirklich widder do!"

Ich frogde in aller Schdille den Bademeister, was das alles zu bedieden hädde. Do erzählde hä mä, daß der „Schorsche" 'n kleiner Fusch äs, der jeden Morgen kimmed. Hä hädde'n Schwanz, der dhäd usſehn, als wenn'n mo'n Hecht ningebissen hädde. Do drahne dhäden se'n widder kennen. Schont den ganzen Sommer dhät hä kommen, nu were awer drei Dage weckengebliwwen.

Der Dicke of dem Schbrungbredde: „Schorschelchen, min liewes Schorschelchen, bäste dann widder do? So äs's recht, drick se an de Siede, de anneren, drei Dage homme dich nit gesehn — — —"

Der Dicke siehd'n Badegast in de Anschdald kommen: „Professor, schnell, schnell! Der Schorsche äs widder do!"

„Ich piffe of Ihren Schorsche, wo hodd'n der Ladderhans sich drei Dage lang rimmer hergedriwwen?"

Der of dem Schbrungbredde zu sich selwer: „Rimmer her gedriwwen? Jo, so unrechd hodde weiß Godd nit . . . Freß, Schorsche, freß; drick se an de Siede, de anneren . . . Jo, sah dochemo, du kleiner Kerle, wo bäste dann gewesen drei Dage lang? Host nadierlich Nixnutzigkeiden usgefressen. Junge, Junge, wann ich wißte, daß de leichtsinnig bäst . . . Freß doch, Schorsche — — Geb doch der Sardelle do newen dä einen mit der Flosse an de Badderie! . . . Dä, do hoste noch 'n scheenen Brocken. Siehste, do hodd der Deichaffe au noch 'ne Fliege in den Wecke gebacken. Ach, 's äs gar keine Fliege, 's äs ne Schbinne. Na, die wird dä au gut schmecken . . .

Freß, Schorsche .. Nu sah bloß, wo de gewesen bäst, host dich wohl of dem Damm rimmerher gedriwwen! — Junge, Junge, wann ich dich mo do erwische! — Oder — Luder, verflixtes, Godds verdebbeld, daß ich do noch gar nit drahn gedachd hon — bäst wohl bi den Mäderchen gewesen? Warst wohl im Damenbade ...? Du bäst doch'n ganzer abgefeimder Hallunke, du Schaukelschorsche — —"

Bis of de aißerste Schbitze vom Schbrungbredde war der Dicke gericked, wie hä dem fingerlangen Schorsche in der Fulle de Lefidden las. Do hibbede blätzlich einer von sinnen Freinden mit so firchderlicher Wubbdizidäd of d's Schbrungbredd, daß der Dicke im großen Bogen in de Fulle geschleiderd wurde ...

Vom Schorsche hadde ich iwwerhaubt nix gesehn. Von sinnem dicken Fuddermeister sah ich bloß noch des Hinnerquardier us der Fulle gucken, als ich mich drickede.

D'r Angelschorsche

D'r Angelschorsche äs 'n Bechvochchel, wie's nit vähle giwwet. Was der Kerle ahnpacked, geht scheib. Wie hä d's Radfahren ahnfangen dhat, do hodde sich am erschden Dage de Schdiwweln kabudd gemachd; am zweiden Dage äsſe in 'n Kohlenfuhrwerk ningefahren; am dridden Dage hodde sich de Hose zerrissen, un am vierden Dage war d's ganze Schwerenodzebeed geliwwert. Do hodde 's von Nieste no Kassel in zwei Brocken of dem Buckel heimgeschlebbed.

Vom Radfahren wollde hä nu nix mehr wissen. Das war au begreiflich. Von dem vählen Hännefallen sah hä us, als wie 'n geschundener Raubridder. Hä hickelde un hadde de linke Pohde im Verband. Ein Auge war noch blau, d's annere ging schont in's grau-grienlich-gelwe iwwer. De Nase sah us, als wann 'n sinne Ahle mit der Karduffelriewe geschdreicheld hädde, un de Schnudde war geschwollen wie 'ne Lewwerwurschd.

Der Schbord wer ämme zu gefährlich, meinde hä. Hä wollde sich liewer 'n weniger ofregenden Schbord wählen. Do homme ämme gerohden, Fußball ze schbählen, doderbie ging's ganz samfde zu. Wanne sich do de Schienbeine mit 'ner dinnen Krubbschen Banzerbladde bolsdern dhät, dann kännde ämme kein edler Dheil verletzt weren. Wanne mo einen an den Deeds krichde, dann weer's nit so schlimm, weile das von sinner Vellezebeedskarrjähre doch schont gewehnt weer.

Do hodde sich mo so 'n Fußballfeez ahngegocken. Wie se do awer no fimf Minuhden schont vier Mann ohnmächdig weckengebrachd hadden, do meinde hä, das weer ämme immer noch nit samfde genug.

Do äs der Unglicksrawe durch 'n Zufall an de Folle geroden un hodd do 'n Kerle fischen sehn. Das war sin Unglicke – hä meinde awer: nu weiß ich's!

Erschdens äs's nit gefährlich; zweidens bruchd me sich weder kärberlich ahnzeschdrengen, noch in geistige Unkosten ze schdirzen; driddens bringet's bie den dhieren Fleischpreisen au noch was in. Jeden Dag Fische! Junge, was for 'n gescheider Infall.

Hä rechende us, was hä ungefähr fangen wollde un was hä doderbie verdienen dhät. Wanne bloß alle Woche so 'ne Schdicker fofzehn bis zwanzig Pund Hechde fangen dhäd, dann war das schont 'n feines Geschäft.

D'r Schorsche schdrahlde. Hä kief sich nu d's Angelwerkzeig un beschdellde sich au 'ne Fischereikahrde.

D's Fischereizeig war doch dhierer, wie hä ahngenommen hadde: 's kostede achdenzwanzig Mark. De Fischkahrde kostede sogar dreißig Mark. Dodervor schdand awer au hinnen drof: hä dirfde nur Hechde un Barsche fangen, annere Fische mißde hä vorsichdig von der Angel abmachen un widder in's Wasser schmissen.

Na, dann fang ich einfach 'n baar Pund Hechde mehr, dann glichd sich 's widder us. Un wanne mo so 'n fedder Aal ahnbißd, dann wär ich nit so 'n Dhierquäler sin un'n widder in's kahle Wasser schmissen. – – –

De ganze Familje war in Ofregunge. Alle wollden se midde of den erschden Fischfang. De Frau mußde derheime bliewen, die mußde im Kochbuch schdudieren, domidde se glich am Owend, wann de annern mit den Hechden heimkamen, wußde, wie se zerechde gemachd weren mußden. Dem Schorsche lief schont d's Wasser im Mulle zesammen, wann hä an d i e Hechde dachde: ewen us der Folle rus, glich in de Panne, un selwer gefangen! Godd, was bän ich doch for 'n Schorsche! Hä vorne wecken mit der Angelruhde iwwer der Schuller. Dann kam der Otto, der trug de Blechkanne mit den vierunzwanzig Schdellfischerchen for zwei Mark fofzig. Deme folgde d's Lieschen mit 'nem Fischnetz, wo so ungefähr hunnerd Pund Hechde un Barsche ningingen. Hinner deme ging 's Karline, das hadde 'ne Kanne voll Kaffee ze schlebben, un dann keichde der August derhinner her. Der hadde den Frickedellenbiedel of dem Buckel. Daß der Schbord ahnschdrenged, wußde der Schorsche, awer Hunger lieden wollde hä doch au nit grade, wanne bim Hechdfischen scharf nohdenken mußde.

In 'ner Schdunne war d's Ziel erreicht, nahe bie der neien Mähle. So ungefähr no zwei Schdunnen war's so widd, daß der Schorsche de Schnuhre in's Wasser schmissen konnde. Das klabbede mit 'ner Wubbdizideed, als wann hä als Hechdangler of de Weld gekommen weer. De Känner schberrden Mull un Nase of. Do der August awer au wissen wäll, wofor daß hä d's Mull offschberrd, ließe glich so newenbie 'ne Frickedelle verschwinden — — —

Do schien au schont 'n Hechd ahnzebissen, der Ahle zochch de Schnuhre us dem Wasser, awer 's war nix ze sehn von 'nem Hechde. Bi dem Mannehwerieren mit der Schnuhre awer hodd der Schorsche sin eigen Känd gefangen: d's Lowiese hink mit sinnem Zobbe am Hoken un fing ahn ze gahken, als wann's ämme an's Läwen gehn sollde. Bi dem Dorchenanner schmiß August — nadierlich immer der August — de Bichse mit den Schdellfischerchen imme, ohne daß 's glichch beachded wurde, un wie d's Lieschen widder los war von der Angel, do waren de Schdellfischerchen dod un kabudd gedreden. Mit der Fischerei war's for heide vorbie, denn mit Gänseblumen ze angeln, hadde doch keinen Zweck. Awer der Schorsche wollde wenigsdens noch'n bißchen iewen, wie 'me de Schnuhre uszewerfen hodd. Eimo ging's gud, zweimo, zehnmo — un do ofemo flochch dem Schorsche sin scheener neier Filzhut in de Folle — der Hoken hadde ämme gepacked un dann fallen lossen. In samfder Fahrd schwamm der Hud schdromab no dem anneren Ufer zu. Wecken ware.

Heide womme nu liewer ofheeren, meinde der Schorsche. Hä sezde dem Otto sin Winschhiedchen of un heimwärds sockede de ganze Blose. Hä sah us, wie 'n Zirkusklaun, un's Liese wie'n Schdruhwwelpehder. De Ahle hadde ähre

Fischkochschdudien for heide immesonste gemachd. Nu gab 's Handkäse.

Am anneren Dage sah der Schorsche in 'ner Buchhandlung 'n Buch lichchen: „Die Kunst, jederzeit Fische ze fangen, oder das perfekte Angeln", frieher 7.50 Mark, jetzd nur noch 3.50 Mark. Nin! Gekauft! Gelesen! Nu wußde hä Bescheid: Wirmer mit Fischwidderunge beschdrichen. In de Abbedeke; de Bichse voll Widderunge kostede 'ne Mark fofzig, schdank awer, als wann for zehn Dhaler Mist drinne wer.

Nu awer los. Eimo nix am Hoken. Zweimo nix. Hurro, jetz bißt's, jetz bißt's! Hä zieht un zieht – das muß 'n ahler Hechd sin von zwanzig Pund. Hä zieht – jetz klabbed's – am Hoken hänked 'ne dode Katze mit 'nem Buchch so dicke, wie'n Fußball.

Do kimmed gerade der schähle Adam verbie un meinde: Sie missen awer 'n guden Köder hon, wann do sogar dode Katzen anbissen – –

Hahlen Se ähre Schnudde, schbroch do der Schorsche, un machde de Katze ab. Das Biesd schdank awer, daß der Otto un der August un d's Lieschen un's Karline usrickeden, als wann der Deiwel hinner 'n her weer. Dem Schorsche selwer wurde 's ekelig iwwel. Hä meind heide, daß me de Seekrankheid au an der Fulle krichchen kännde, hädde hä nie geglauwed.

For den Dag hadde hä au genug. Of dem Heimwege hon se dann 'n baar Häringe gekaufd. Heide mißde hä Fische essen, meinde hä.

Dann hodde den Angelschbord widder ofgegewen. In der Ziedunge war dann am anneren Dage ze lesen:

„Wegen Ofgawe des Angelschbords Fischereigeräte billig zu verklobben. Offerden unner Heifisch 100."

Nu wäll der Schorsche wahrden, bis de Flugmaschinen billiger sin, dann wälle mit dem Flugschbord ahnfangen. Vorlaifig nennen 'n sinne Freinde awer den Angelschorsche. Un wannsen uhzen wollen, dann schbrechen se, daß in der Folle widder 'ne Katze un 'n neier Hud gesehn worden äs.

D'r ruppige Wirt

's äs mä manchemo ganz unbegreiflich gewesen, wie disser oder jener von minnen Freinden zu sinnem Schbitznamen gekommen äs. Daß se den scheelen Emil den „scheelen Emil" nannten, war selbstverschdändlich; wann einer us konschdander Bosheit mit dem linken Auge in de rechde Westenkibbe gicket, dann kanne nix annerschder erwahrden. Un wenn se den scheiwen Seppel kurz wecken den „Scheiwen" nennen, dann äs das nadierlich. Worimme ziehde dann immer bloß scheiwe Hosen an, daß 's ussieht, als wann de Beine us nassem Holze gemachd un dann am Owwen gedrockend und scheib gezochchen weren?

Der „blaue Frieder" kann sich au nit iwwer sinnen Namen beschweren, so lange hä sich de roten Hoore nit alle Morgen bim Schdiwwelbutzen middewichst.

Awer wie se minnen Freind Henner us der Mählengasse den „ruppigen Wirt" daufen konnden, das äs mä wirklich n' Rätsel. Der Henner war all sin Läwen lang de Samfdmut selwer, un hä frißt – mit Reschbekt ze sa'n! der Dialekt saß mä bie dem „frißt" mo widder „in Hemedsärmeln of der Zunge" – also hä frißt sinner Frau us der Hand. Hä behannelde sinne Freinde mit 'ner Liewenswirdigkeid, die Schdaunen erregen mußde, hä behannelde se sozesa'n mit Glasseehändschen. Das sall hä au als Wirt gedhon hon. So hodd mä wenigstens der Ladeeten-Goßmann hoch un heilig versichert, un ich glauwe's ämme au, denn hä hodd extra gesa't, daß 's ämme der Willem Kuhn gewiß gerne beschdätigen dhät. Ich selwer hadde bis dohänne noch keine Gelegenheid gehadd, den Henner in sinner Eigenschaft als Wirt ze besuchen un ze beowachden. Awer ich hädde drof geschworen, daß min liewer Freind au als deitscher Reichsfuselkrämer der ahle gebliwwen äs. Usserdeme: wann der Ladeeten-Goßmann un der Willem was schbrechen, dann äs 's au meistens wohr.

For mich schdands also so bombenfeste wie Zägenhain, daß der Henner der richdige Musterwirt war: freindlich un firchderlich arweidsam, hä bumbed gerne un liedet gerne Hunger un Dorschd, wann bloß sinne Gäste genug hon. Un von deme schbrochen sinne Freinde als vom „ruppigen

Wirt?" Do mußde ich selwer mo gucken. 's war an 'nem Mondag gegen Owend. Im Henner sinner Wirtschaft ging 's hoch her. De Sulwerknochen waren gut geroden, un do sinne Frau de Borzionen nit so kleine gemachd hadde, ließ de Schdimmunge nix ze winschen iwwrig. Der Henner hadde alle Hänne voll ze dhune un mußde ofbassen wie'n Schbitzbube, daß hä mit sinner Schnubbdewaksdose un sinnem Fimfminuhdenglas nit us dem Dembo kam. Ach so, dä wißd nit, was 'n Fimfminuhdenglas äs? Das äs 'n kleines Bierglas, das der Wirt alle fimf Minuhden vollzabbed un uspifft. Das heißd in normalen Zieden. Wann de Wirte iwwer de Brauereien oder iwwer de Gäste schimben, dann piffen se gewehnlich schont alle drei Minuhden ähr Fimfminuhdenglas us. Domidde mä nit vorgeworfen wird, ich dhät se ungerechderwiese alle iwwer einen Leist schla'n, wäll ich usdricklich bedonen, daß 's au Wirte giwwet, die wenig oder gar nix drinken. Das sin awer meistens nur die, die frieher zu vähle gepiffen hon un die nu nit mehr so kennen, wie se gerne mächden. Wann die der liewe Godd in sinnem Zorne nit zu Wirten gemachd hädde, dann dhäten se wahrscheinlich de erschden Figgelienen bie den Wasserbriedern schbählen, die of de heilige Limenahdenkiste schweeren.

Unser Henner in der Mählengasse piff awer of de Limenahdenkisten un piff noch tapper un dorschdig sin Fimfminuhdenglas us.

Doderbie bruchde hä nie of de Uhre ze gucken. Wann hä sinne Briese genommen, de Dose zugeklabbed un widder in Sicherheid gebrachd hadde, dann war's Zidd, daß hä sin Fimfminuhdenglas uspiff, un wann hä das usgepiffen hadde, dann nahm hä widder 'ne Briese.

Ich hadde 's schnell wecken, daß der Henner inbezug of de Ordnunge noch der Ahle war: wie de Uhre so pinktlich un regelmäßig besorgde hä sinne Dose un sin Glas.

Leider waren dem Henner sinne Gäste nit au so ahn de Regelmäßigkeid gewehnd, wie hä, sonst hädden se nit unverschämderwiese immer grade dann beschdellt, wann hä 'ne Briese nahm oder gerade einen piff. Wann se au nur 'n bischen ofgebaßd hädden, dann konnden se doch allemo in der Zweisekundenpause beschdellen, die sozesa'n zwischen Lipp' und Nasenrand lag.

Nu war's mä bahle klar, daß min Freind Henner, der of Ordnunge un Regelmäßigkeit hiel, mit so unverschdännigen Gästen meistendheils in der Badallje liggen mußde. Ich hadde schont beowachdet, wie ämme der Kamm schwoll, als der Schorsche 'n Schobben beschdellte gerade in dem Momente, wo der Henner de Dose ofgeklabbet hadde. Wie dann awer in dem Augenblicke, als der Henner sin Fimfminuhdenglas ansetzen wollde, der schlanke Karle 'n Halwes beschdellte, weil ämme de Sulwerknochen zu fett weren, do schlug der Blitz in!

Wann ämme de Knochen nit mager genug weren, dann sollde hä sich welche molen lossen, dann kennte hä se krichchen, wie hä se hon wollde. Un wanne mit sinnen Beschdellungen jedesmo rusrickede, wann hä selwer grade sich mo schdärken wollde von der schweren Arweit, dann sollde hä sinne halwen Kännerchen piffen, wo hä Lust hädde. Hä ließ sich disse gemeine Behannelunge von sinnen Gästen nit mehr gefallen!

„Aes dann der Wirt villichde der Gäste wegen do, oder sin de Gäste do, domidde der Wirt beschdehen kann . . .!"

„Awer Henner, loß doch . . ."

„Ach was, halt's Mull, dä hodd kein Verschdändnis for minne ofriewende Arweit! Un minne freindliche Behannelunge die verdiente iwwerhaubt nit . . ."

„Awer Henner . . ."

„Halt de Schnudde, mach, daß De nus kimmest!"

Ich fand das alles so verschdännig un liewevoll vom Henner – 'n growwer oder gar 'n ruppiger Wirt hädde doch villichde glich gehauen! – daß ich wirklich dem Goßmann rechd gewen mußde: der Henner war immer noch der gutmiedige, samfde Heinrich, als den ich 'n schont immer gekannt hadde. Un 'so'n Musterknabe nennen se den „ruppigen Wirt". Das äs doch 'ne Unverschdännigkeit im höchsten Grade.

Iwwrigens, wie ich d's zweite Mo bim Henner in der Mählengasse war, do hadden sinne Schdammgäste am Biffeh 'ne Blakad ahngebracht, do schdand droffe: „Man bittet, den Wirt nicht zu reizen!"

Wie ich ämme de Hand gewen wollde, mußd ich 'n „Augenblick wahrden", weil hä grade 'ne Briese nahm. Un wie ich mä 'n Schobben beschdellte, do piffe sin Fimfminuhdenglas us un dann schbroche: „'n Augenblick, ich seh grade den Schorsche iwwer de Gasse kommen, wahrde, bis der kimmed, dann zabb ich glich zwei."

Das war doch sehr freindlich von ämme, 'n annerer Wirt hädde nix gesa't un hädde mich einfach wahrden lossen. Un so'n liewen Menschen nennen se den „ruppigen Wirt".

D'r dohde Onkel

D'r Schuster Schänkel Wurschdefedd äs zu beduern, der arme Kerle wird sinnes Läwens nit mehr froh. Sinne Ahle, d's Sabinchen, äs 'n wahres Scheisahl in Menschengeschdalt. Imme kein falsches Sabinchen in Verdachd ze bringen, wäll ich exbreeh sah'n, daß ich von Pefferduddens Sabinchen us der Schäfergasse schbreche.

Den ganzen Dag kratzt die Kratzbirschde am Schänkel rimme. Wanne mo 'nus muß, imme Ledder ze kaufen, dann knärwelt se ämme de Ohren voll. Aehr Vadder weer iwwerhaubt am Dage nit 'nus gegangen, wann der was gebruchcht hädde, dann hädden 's de Känner holen missen.

Wann dann der Schänkel inwennen dhat: „Jo, din Vadder äs awer au jeden Owend wecken gegangen," dann fiel se ämme in's Wort: „Min Vadder war au'n solider Mann, der ganz genau gewußt hodd, wie vähle hä usgewen un wie vähle hä verdrahn konnde."

„Jo, awer liewes Sabinchen . . ."

„Ach, halt's Mull, ich bän je din liewes Sabinchen doch nit. Du denkest doch bloß den ganzen Dag an dinne liewen Freinde, du Suffschnudde."

„Ich bän drei Wochen lang nit vor de Husdhäre gekommen."

„Na jo, nu hoste wohl schont widder Sehnsucht no dinnen liewen Freinden, den zwei scheenen Hennern. Wann ich disse Schämmerchen bloß seh, dann hon ich schont genug, die hon den Kobb immer voll schlechder Schdreiche, von denen äs einer beinoh so schlechd wie der annere. Am schlimmsten äs nadierlich din liewer Briesenhenner. Mit deme bäste je ein Herz un eine Seele."

„Nu schimb mä bloß nit of die Zwei, das sin wirklich . . ."

„Na jo, do homme's je! Was lichd De an dinner Frau. Die zwei Henner, das sin feine Kerle, das sin dinne Freinde. Un was bän ich, ich, d's Sabinchen Pefferdudde, das 'ne ganz annere Bardie hädde machen kennen . . ."

„Na, was häddeste dann for'ne Bardie machen kennen?"

„Ich? Du eklicher Kerle, wann ich bloß gewolld hädde, dann hädd ich einen von der Isenbahne krichen kennen, 'n Beamden, jetz ässe schont Heizer . . ."

„Wanne den bloß genommen häddest, der äs den ganzen Dag nit do, den häddeste au nit den ganzen Dag kujjenieren kennen."

„Du schlechder Kerle, ich un kujjenieren, hon ich dich villichde schonnemo kujjenierd?"

Dann fing se ahn firchderlich ze krischen, un der Schänkel klobbede of d's Ledder, als wanne 'n Vochchel hädde. So ging's alle baar Dage mo, un der Schänkel kam kaum noch vor de Schdowwendhäre, vähle weniger of de Gasse.

Do kamen eines scheenen Dags de zwei Henner zu ämme. Se hadden was ze rebberieren un wollden mo gucken, ob hä iwwerhaubt noch lewen dhäd. Wie d's Sabinchen dann mo schnell in de Kiche hibben dhad, weil's ofemo so ahngebrannd riechen dhad, do hon se dem Schänkel gesa't, daß am Mondag 'ne Bardie gemachd weren dhäd of den Saurasen. Der Wirt vom suren Quedschenbaum hädde sinne Gäste ingeladen; hä mißde unbedingt midde.

„Ich komme doch hier nit wecken. Meint dä dann, minne Ahle dhäd mich 'nus lossen?"

„Du, Schänkel, mä hon schont'n Blahn usgehecket, wie De mo los kimmest. Du krichest am Sonndag 'ne Kahrde us Veckerhagen, dodermidde kimmeste los, baß of."

Do kam au d's Sabinchen schont widder in de Schdowwe gehibbed.

„Also, Schänkel, machest mä de Absätze awer nit zu hoch," schbroch do der eine Henner, un gab dem Schänkel 'n baar ahle Schdiwwelen, die hä in'n Babier gewickeld unner dem Arme gehadd hadde.

Dann hon se noch'n bischen gebabbeld iwwer d's Wedder un de dhieren Zieden, un dann drickeden se sich mit vählen Hänneschiddelen.

Am Sonndag morgen kam 'ne Postkahrde us Veckerhagen. Nadierlich gab das 'ne große Ofregunge im Huhse Wurschdefedd. Do lam nur alle Johre mo was von der Post. D'r Schänkel un's Sabinchen hädden sich bahle immegebrachd vor Neigierde. Se schowwen alle zwei an's Fenster un lasen:

„Lihwer Schängel!

Am Freidag ißt der Onkel Christian samft in den Herrn entschlohfen. Hä äs an einem Schwähren geschtorpen. Hä hat dich unt teine Sabine noch grüsen lassen. Sinne Leiche ißt am Montach um 4 Ur.

Mit vielen Griesße deine liewe Dante Kathinka."

„Ach, der arme Onkel," schluchzde de Sabine.

„Jo, gegen den Dohd äs kein Krudd nit gewachsen," schbroch der Schänkel un setzde sich geknicked of sin Dreibein. Hinner der Schusterkuchchel blinzelde hä dann vergniegd for sich hänne un murmelde: „Disse zwei Driewer!"

„Was meinste, Schänkel?"

„Na jo, do muß ich nadierlich hänne of die Lichche."

„Jo, do bliewet dä nix anneres iwwrig. Do muß ich mo glich den schwarzen Ahnzochch zerechde machen. Verdebbeld nochemo, wo dhu ich dann nur de Zwiwwelen hänne, die ich im Zillinder hon?"

„Ach, die loß nur drinne; ich bruchche de Angestreehre nit."

„Du bruchchest den Zillinder nit? Nadierlich bruchesten. Die dhäden scheene gucken, wann De no Beckerhagen of de Lichche kommen dhädest ohne Zillinder."

„Na jo, dann mach nur alles zerechde."

Am Mondag drickede d's Sabinchen dem Schänkel noch extra zwölf Silwergroschen in de Pohden, daß hä au'en scheenen Kranz middenehmen sollde. — — —

Of dem Saurasen ging's am Mondag lustig zu. Un am lustigsten war der Schänkel. Sinne Angestreehre war der Middelpunkd vom Jux. Imme fimfe hadde se schont fofzig Beilen, jede so groß wie 'ne Schusterfußt. Un rubbig sah se us, wie 'n Igel, der de Krätze hodd.

Währenddeme der Schänkel of dem Saurasen Burzelbaime schlahn dhad un's Sabinchen bedriewed usrechende, daß 's wahrscheinlich mit der Erbschaft nix weren dhäd, au dann nit, wann de Dande Kadinka mo de Augen zugemachd hädde, weil noch annere Verwandte do waren, klobbede's an de Dhäre.

„Herein!“ rief d's Sabinchen.

Do ging de Schdowwendhäre of, un herin trat 'n gesunder Mann: der dohde Onkel Christian us Veckerhagen!

Als wann'n Geschbenst in's Hus gekommen weer, so schbrang d's Sabinchen of un krisch:

„Hilfe, der dohde Onkel schbucked!“

„Was äs dann lose, Sabinchen?“ schbroch der Onkel un riß de Augen of.

„Weren Sie dann nit begrahwen, heide middag? Sie sin doch dohd!!!“

„Ich bän dohd?“

„Jo, sin Sie dann nit am Freidag in Veckerhagen an'm Schwähren geschdorwen ...“

Wie der Schänkel so imme Middernachd heimgewackeld kam, schdernhagelvoll, de Angestreehre bladd gedricket wie'n Karduffelpannkuchen of dem Kobbe, do war de Schdowwendhäre zugeschlossen.

Hä klobbede. „Wer äs dann doh?“ gahkete do sinne Frau.

„Mach of, liewes Sabinchen, ich bän's, der Schänkel!“

„So, du Schämmchen bäst's, dann mach nur, daß de widder no Veckerhagen kimmest, oder bie dinne beiden Henner. In dinnem Bedde lichchd dinn dohder Onkel us Veckerhagen.“

Mehr därf ich nit verroden.

Inhaltsverzeichnis